Vorbereiten auf Ausbildung und Beruf

Maren Klimas
Liselotte Stromereder
Elke Vogel

unter Mitarbeit der Verlagsredaktion

westermann

Auf verschiedenen Seiten dieses Buches befinden sich Verweise (Links) auf Internet-Adressen.
Haftungshinweis: Trotz sorgfältiger inhaltlicher Kontrolle wird die Haftung für die Inhalte der externen Seiten ausgeschlossen. Für den Inhalt dieser Seiten sind ausschließlich deren Betreiber verantwortlich. Sollten Sie bei dem angegebenen Inhalt des Anbieters dieser Seite auf kostenpflichtige, illegale oder anstößige Inhalte treffen, so bedauern wir dies ausdrücklich und bitten Sie, uns umgehend per E-Mail unter www.westermann.de davon in Kenntnis zu setzen, damit der Verweis beim Nachdruck gelöscht wird.

Das Werk und seine Teile sind urheberrechtlich geschützt. Jede Nutzung in anderen als den gesetzlich zugelassenen Fällen bedarf der vorherigen schriftlichen Einwilligung des Verlages. Hinweis zu § 52 a UrhG: Weder das Werk noch seine Teile dürfen ohne eine solche Einwilligung gescannt und in ein Netzwerk eingestellt werden. Dies gilt auch für Intranets von Schulen und sonstigen Bildungseinrichtungen.

1. Auflage, 2012
Druck 1, Herstellungsjahr 2012

© Bildungshaus Schulbuchverlage
Westermann Schroedel Diesterweg Schöningh Winklers GmbH, Braunschweig
www.westermann.de

Redaktion: Karen Skodda
Umschlaggestaltung und Layout-Konzept: boje5 Grafik & Werbung, Braunschweig
Satz: Sabine Fehmer, Grafik & Layout, Destedt
Fotografie: Peter Wirtz, Dormagen
Illustration: Mario Valentinelli, Rostock
Druck und Bindung: westermann druck GmbH, Braunschweig
ISBN 978-3-14-**290523**-5

Vorwort

Dieses Buch möchte junge Erwachsene dabei unterstützen, sich beruflich zu orientieren, und ihnen einen Einblick in das Berufsfeld Gesundheit/Pflege geben. Es ist Bestandteil der Reihe „Vorbereiten auf Ausbildung und Beruf" und für alle Formen der Berufsausbildungsvorbereitung im Berufsfeld Gesundheit/Pflege einsetzbar. Die Grundlagen für die Inhalte sind erprobte Qualifizierungsbausteine aus anerkannten Berufen des Gesundheitswesens und der Pflege.

Im einleitenden Kapitel „Das Berufsfeld kennenlernen" werden Informationen zum Berufsfeld übersichtlich dargestellt und weitere Informationsquellen genannt.

In den anschließenden Kapiteln „Miteinander umgehen", „Gesundheit und Krankheit unterscheiden", „Für Sauberkeit sorgen", „Menschen betreuen" und „Menschen pflegen" werden die fachbezogenen Inhalte in einfacher und für die Zielgruppe verständlicher Sprache beschrieben. Viele Fotografien und Illustrationen unterstützen dabei anschaulich den Text.

Alle Kapitel beginnen mit einer Übersichtsseite, um das Interesse des Jugendlichen zu wecken. In den Kapiteln sind die fachlichen Aspekte an die Erlebniswelt junger Erwachsener angelehnt. Konkrete Aufgaben machen es den Jugendlichen möglich, ihr Wissen über das Berufsfeld selbstständig oder im Unterricht zu vertiefen. Darüber hinaus erleichtern sie die Übertragung der Fachinhalte in die berufliche Praxis. Ein wichtiges Anliegen der Autorinnen ist es, den Jugendlichen Anregungen zur Selbstreflexion zu geben und damit ihre Sozialkompetenz zu stärken, insbesondere im Umgang mit Menschen, die in ihrer Selbstständigkeit und ihrem Wohlbefinden eingeschränkt sind. Auch dazu bietet das Buch zahlreiche Aufgaben und Hinweise.

Im Interesse der besseren Lesbarkeit wird in diesem Buch mal die weibliche und mal die männliche Form verwendet. Selbstverständlich sind immer beide Geschlechter angesprochen. Gleiches gilt für die Verwendung der Begriffe Medizinische Fachangestellte und Pflegende. Es sind immer alle Gesundheits- und Pflegeberufe gemeint.

Die Autoren und der Verlag sind für Hinweise und Verbesserungsvorschläge jederzeit aufgeschlossen und dankbar.

Autorinnen und Verlag

Inhaltsverzeichnis

Das Berufsfeld kennenlernen		**5**
Tätigkeiten und Einsatzgebiete		6
Berufe im Gesundheitswesen		8
Gesundheit und Arbeitsschutz		10
Fragen und Antworten		12
1	**Miteinander umgehen**	**15**
1.1	Menschen wertschätzen	16
1.2	Miteinander sprechen	20
1.3	Besondere Gespräche führen	28
2	**Gesundheit und Krankheit unterscheiden**	**33**
2.1	Wahrnehmen und beobachten	34
2.2	Messen und Messgeräte	40
2.3	In Notfällen handeln	46
3	**Für Sauberkeit sorgen**	**51**
3.1	Persönliche Hygiene	52
3.2	Praxis- und Stationshygiene	54
3.3	Lebensmittelhygiene	58
4	**Menschen betreuen**	**61**
4.1	Mit Schmerzen umgehen	**62**
4.1	Orientierung geben	66
4.3	Stress und Gewalt vorbeugen	70
4.4	Andere Länder, andere Sitten	74
5	**Menschen pflegen**	**77**
5.1	Sich kleiden und waschen	78
5.2	Essen und trinken	88
5.3	Sich bewegen	94
5.4	Projektaufgaben	104
Register		110
Bildquellenverzeichnis		112

Das Berufsfeld kennenlernen

Tätigkeiten und Einsatzgebiete

Langeweile gibt es nicht.

Berufe im Gesundheitswesen

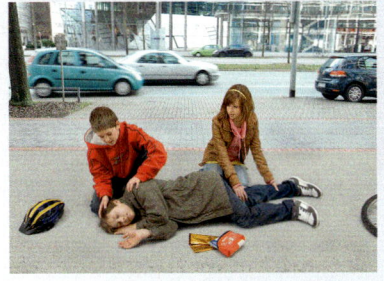

Jetzt sind wir dran.

Gesundheit und Arbeitsschutz

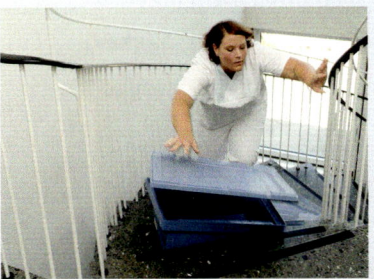

Immer mit der Ruhe.

Fragen und Antworten

Schauen Sie mal vorbei.

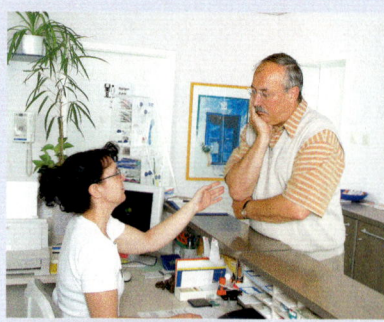

1 Gespräche führen

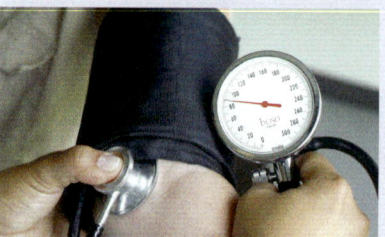

2 Blutdruck messen

3 Menschen begleiten

Tätigkeiten und Einsatzgebiete

Tätigkeiten

Gesundheit und Wohlbefinden sind das höchste Gut im Leben eines Menschen. Beides zu erhalten und wiederherzustellen ist eine bedeutsame und erfüllende Tätigkeit.

Die vielen Berufe im Pflege- und Gesundheitswesen haben eines gemeinsam: Im Mittelpunkt steht der direkte Kontakt zum Menschen und der Umgang mit dessen

- körperlichen,
- seelischen und
- sozialen Bedürfnissen.

So vielfältig, wie der Mensch ist, sind auch die Fähigkeiten, die in der Ausbildung gelernt werden. Voraussetzung ist die **Wertschätzung** sowie das Interesse für die Lebensumstände und Wünsche von anderen Menschen.

Die kurzfristig notwendige oder andauernde Versorgung von Menschen erfolgt

- tagsüber,
- in der Nacht,
- zuhause oder
- in einer Einrichtung.

Das Gespräch 1 gehört genauso dazu wie das Blutdruckmessen 2 , das Bettenmachen oder die Unterstützung beim Waschen und Ankleiden.

Auch der eigene **Körpereinsatz** ist notwendig, wenn es z. B. darum geht, Menschen mit einer Bewegungseinschränkung zu unterstützen 3 .

Alle Tätigkeiten zielen auf die Heilung und Vermeidung von Krankheiten ab. Dabei wird eng mit dem Arzt oder anderen heilenden Berufen zusammengearbeitet.

> **Das Gesundheitswesen ist vielseitig und bietet interessante und sichere berufliche Zukunftsperspektiven.**

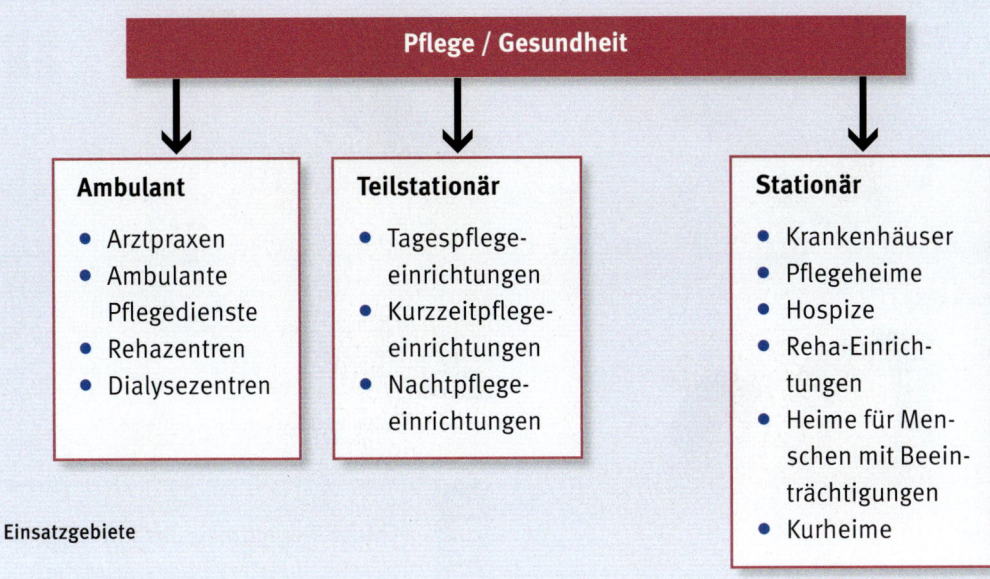

4 Einsatzgebiete

Einsatzgebiete

Behandelt und gepflegt wird dort, wo Menschen leben oder sich aufgrund einer Erkrankung kurz- oder längerfristig aufhalten müssen 4 .

Das größte Einsatzgebiet ist die ambulante Pflege. Hier werden Menschen in ihrer eigenen Umgebung betreut. Die Mitarbeiter sind meist allein und mit dem Auto unterwegs.

> **Der Führerschein Klasse 3 ist für die Arbeit in der ambulanten Pflege unverzichtbar.**

Fast ebenso häufig sind Mitarbeiter des Gesundheitswesens in Arztpraxen tätig.

Können Menschen nicht mehr zuhause versorgt werden, gehen sie vorübergehend oder für immer in eine stationäre Einrichtung. Dazu gehören z. B.:

- Krankenhäuser und Pflegeheime,
- Heime für beeinträchtigte Menschen.

In stationären Einrichtungen arbeiten z. B. die Pflegenden in Teams (Mitarbeitergruppen) eng zusammen. Sie sind für die umfassende Versorgung der Bewohner oder Patienten verantwortlich.

> **Die Lebensqualität der Bewohner und Patienten steht im Vordergrund.**

Pflegende arbeiten in der Regel im **Schichtdienst**. Es gibt den Früh-, Spät- oder Nachtdienst. Dafür bekommen sie freie Tage, um sich ausreichend erholen zu können.

Mitarbeiter, z. B. in Arztpraxen, richten sich mit ihrer Arbeitszeit nach den Öffnungszeiten der jeweiligen Praxis. Diese können auch auf das Wochenende fallen.

> **AUFGABE**
> Überlegen Sie, welche Vorteile bzw. Nachteile die Arbeit im Schichtdienst für Sie hätte. Erfassen Sie Ihre Ergebnisse in einer Tabelle.

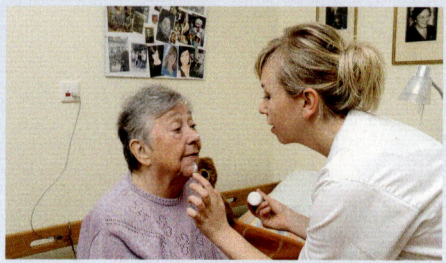

1 Altenpflegerin

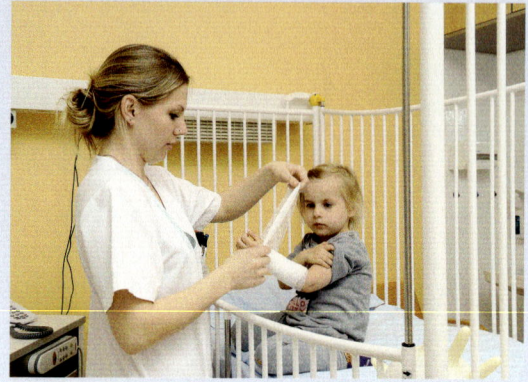

2 Gesundheits- und Kinderkrankenpflegerin

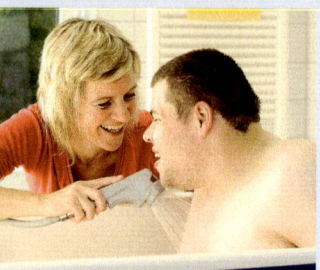

3 Heilerziehungspflegerin

> **AUFGABE**
> Finden Sie mithilfe des Internets heraus, welche Pflegeeinrichtungen es in Ihrer Region gibt.

Berufe im Gesundheitswesen

Fachkräfte in der **Pflege** (Tab. 1) versorgen eigenverantwortlich kranke oder beeinträchtigte Menschen aller Altersgruppen.

Die Fachkräfte arbeiten selbstständig und eigenverantwortlich, wenn sie eine 3-jährige Ausbildung erfolgreich abgeschlossen haben.

Die Mitarbeiter mit einer 1- bis 2-jährigen Ausbildung übernehmen helfende Aufgaben unter Anleitung.

Tab. 1: Berufe in der Pflege (Auswahl)		
Beruf	**Dauer**	**Typische Tätigkeiten**
Gesundheits- und Krankenpfleger/in	3 Jahre	betreuen und beraten kranke Menschen, führen ärztlich veranlasste Maßnahmen durch
Altenpfleger/in 1	3 Jahre	Beratung, Alltagsbeschäftigung alter Menschen und medizinisch-pflegerische Aufgaben
Gesundheits- und Kinderkrankenpfleger/in 2	3 Jahre	wie bei der Gesundheits- und Krankenpflege speziell für Kinder und Jugendliche
Heilerziehungspfleger/in 3	3 Jahre	begleiten Menschen mit körperlichen oder geistigen Beeinträchtigungen bei der Bewältigung ihres täglichen Lebens
Pflegeassistent/in	1–2 Jahre	helfende Aufgaben unter Anleitung

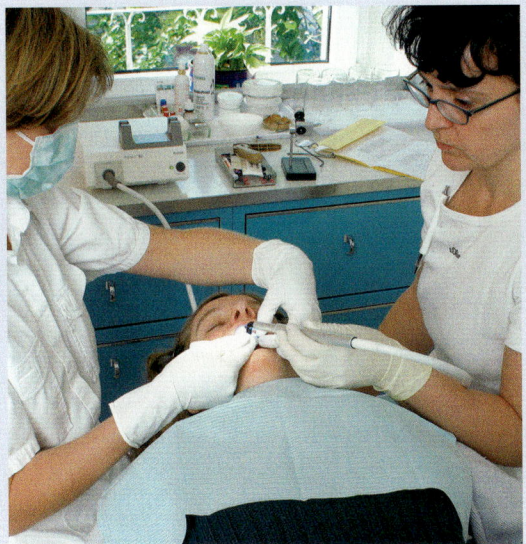
4 Zahnmedizinische Fachangestellte

5 Medizinische Fachangestellte

Berufe im medizinischen Bereich (Tab. 2) sind z. B. **Medizinische** oder **Zahnmedizinische Fachangestellte**.

Die Berufsgruppen unterstützen den Arzt bei der Behandlung der Patienten und organisieren die Arbeitsabläufe, z. B. in einer Praxis.

AUFGABE
Die Ausbildung findet in Arztpraxen mit unterschiedlicher Fachrichtung, z. B. Allgemeinmedizin, statt. Welche weiteren Fachrichtungen gibt es?

Tab. 2: Berufe im medizinischen Bereich (Auswahl)

Beruf	Dauer	Typische Tätigkeiten
Zahnmedizinische Fachangestellte 4	3 Jahre	assistieren bei zahnärztlichen Behandlungen und Untersuchungen, Organisations- und Verwaltungsaufgaben
Medizinische Fachangestellte 5	3 Jahre	assistieren Ärzten bei der Untersuchung, Behandlung und Beratung der Patienten, Organisations- und Verwaltungsaufgaben
Rettungsassistent/in	2 Jahre	Erste Hilfe, lebensrettende Maßnahmen am Unfallort, Krankentransporte
Medizinisch-technische Assistent/in	3 Jahre	untersuchen Patienten nach ärztlicher Anweisung mithilfe medizinischer Geräte, z. B. Hörfähigkeit

1 Lebensweise **2** Gemeinschaft **3** Umwelt

Gesundheit und Arbeitsschutz

Gesundheit

Die Weltgesundheitsorganisation (WHO) nennt Gesundheit einen Zustand des körperlichen, geistigen und sozialen Wohlbefindens.

Gesund sein und krank sein erlebt und empfindet jeder Mensch anders.

Unterschiedlichste Einflüsse (Tab. 1) wirken sich auf die Gesundheit des Menschen aus.

Die meisten Krankheiten haben eine Ursache. Eine Untersuchung führt in der Regel zu einer **Diagnose** (Feststellung) der Krankheit. Daraus leitet sich eine **Therapie** (Behandlung) ab, mit der dem betroffenen Menschen geholfen werden kann.

> **Die eigene Gesundheit ist Voraussetzung für die Versorgung anderer.**

Tab. 1: Einflüsse auf die Gesundheit des Menschen (Auswahl)

Einfluss	Beispiele
Veranlagung	angeborene Neigungen, Erbkrankheiten
Lebensweise 1	Bewegung, Ernährung, Lebenseinstellung
Gemeinschaft 2	Familie, Freunde, Lebenspartner
Umwelt 3	Wasser- und Luftverschmutzung

4 Warnschilder (Auswahl)

5 Gefahrstoffsymbole (Auswahl)

Arbeitsschutz

Damit die Gesundheit der Mitarbeiter erhalten bleibt, werden in Einrichtungen des Gesundheitswesens Maßnahmen des **Arbeitsschutzes** und der **Unfallverhütung** durchgeführt.

Eine wichtige Maßnahme des Arbeitsschutzes ist die Regelung der Arbeitszeiten (Arbeitsschutzgesetz). Es wird z. B. genau festgelegt, wie lange eine Arbeitsschicht maximal dauern darf.

In der Pflege wird z. B. oft gehoben und getragen. Schwangere und stillende Mütter genießen dabei einen besonderen Schutz vor Unfällen und Überforderung (Mutterschutzgesetz).

Aufgabe der Berufsgenossenschaft für Gesundheit und Wohlfahrtspflege (BGW) ist es, berufsbedingte Schäden von Mitarbeitern so gering wie möglich zu halten. Auch bietet sie den Mitarbeitern Versicherungsschutz.
In Einrichtungen des Gesundheitswesens gibt es viele Gefahrenquellen für Unfälle.

Die häufigsten Ursachen für Verletzungen sind:

- Ausrutschen, z. B. auf frisch gewischten Böden,
- Stolpern, z. B. über Gegenstände im Weg,
- Stürzen, z. B. bei Bodenunebenheiten.

Die Mitarbeiter sind verpflichtet, diese Quellen zu vermeiden oder zu beseitigen. Wenn das nicht möglich ist, müssen die Mitarbeiter auf die Gefahrenquellen z. B. mit Warnschildern 4 hingewiesen werden.

Ein weiteres Risiko für Unfälle ist der Umgang mit Gefahrstoffen und Giften, z. B. Reinigungs- und Desinfektionsmittel, Spritzen und Kanülen. Hierfür gibt es Gefahrstoffsymbole 5 .

> **AUFGABE**
> Recherchieren Sie im Internet, wie viel Zeit zwischen zwei Arbeitsschichten liegen muss.

1 Berufsinformationszentrum

2 Berufsberatung in der Arbeitsagentur

Fragen und Antworten

Wer bildet aus?

Für die Berufe im Pflege- und Gesundheitswesen gibt es verschiedene Ausbildungswege. Alle haben jedoch einen Unterrichtsanteil in der Berufsschule oder Berufsfachschule und einen praktischen Anteil in einer Gesundheits- oder Pflegeeinrichtung.

Die Pflegeausbildung ist mit einem eigenen Berufsgesetz bundeseinheitlich geregelt. Andere Gesundheitsberufe werden der **Dualen Berufsausbildung** zugeordnet.

Zwischen dem Ausbildungsbetrieb und dem Auszubildenden wird ein Ausbildungsvertrag abgeschlossen. Dieser regelt alle Rechte und Pflichten für beide Seiten. Der Erhalt einer Ausbildungsvergütung ist z. B. ein Recht des Auszubildenden. Seine Pflicht ist es, den Anweisungen des Ausbildungsbetriebes zu folgen.

Was steht im Ausbildungsvertrag?

Im **Ausbildungsvertrag** müssen folgende Angaben stehen:

- Bezeichnung des Ausbildungsberufes,
- Beginn und Ende der Ausbildung,
- tägliche Arbeitszeit,
- Dauer der Probezeit,
- Höhe der Vergütung,
- Anzahl der Urlaubstage.

Was sind die Ausbildungsinhalte?

Die Ausbildungsinhalte in den Berufsbereichen Gesundheit und Pflege stehen im direkten Zusammenhang mit der jeweiligen Berufspraxis.

Wichtige Ausbildungsinhalte bei den Gesundheits- und Pflegeberufen sind z. B. die Gesundheits- und Krankheitslehre, Assistenz bei Diagnostik und Therapie, Pflegetheorie und -praxis sowie Grundlagen der Organisation und Verwaltung.

Fragen und Antworten

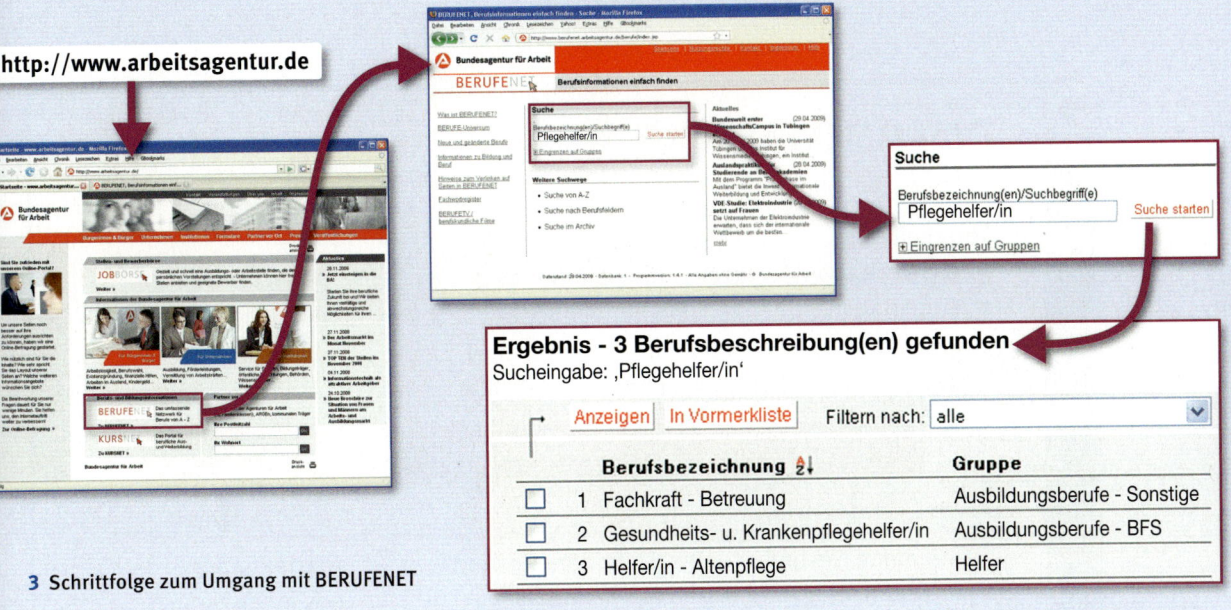

3 Schrittfolge zum Umgang mit BERUFENET

Wo gibt es Informationen?

Es gibt im Berufsfeld Gesundheit und Pflege eine Vielzahl von interessanten und abwechslungsreichen Ausbildungsberufen.

In den **Berufsinformationszentren (BIZ)** der Bundesagentur für Arbeit kann sich jeder über die verschiedenen Ausbildungsmöglichkeiten und die jeweiligen Zugangsvoraussetzungen informieren 1 .

Auch eine Beratung, welcher Beruf aufgrund der eigenen Interessen und Stärken gut zu einem passt, kann an diesen Stellen kostenlos eingeholt werden 2 .

Welches Berufsinformationszentrum in der Nähe liegt, erfährt man auf den Internetseiten: www.arbeitsagtentur.de.

Auch der Deutsche Berufsverband für Pflegeberufe und der Verband medizinischer Fachberufe sind empfehlenswerte Ansprechpartner für eine persönliche Beratung.

Was ist BERUFENET?

BERUFENET ist die Datenbank der Bundesagentur für Arbeit, die Berufe und Tätigkeiten beschreibt.

Folgende Informationen sind dort anschaulich dargestellt:

- Ausbildungsinhalte,
- Aufstiegsmöglichkeiten und Alternativen.

Den Link zu „BERUFENET" finden Sie auf der Homepage www.arbeitsagentur.de. Dann beginnt die Berufssuche 3 .

> **AUFGABE**
> Informieren Sie sich mithilfe von „BERUFENET" über die Zugangsvoraussetzungen, Tätigkeiten und Aufstiegsmöglichkeiten eines Ausbildungsberufes im Berufsfeld Gesundheit und Pflege.
> Beachten Sie die abgebildete Schrittfolge 3 .

ZUSAMMENFASSUNG

Tätigkeiten:
- Menschen wertschätzen und mit ihnen umgehen
- Krankheiten vorbeugen und bei der Behandlung assistieren
- Menschen waschen, kleiden und bewegen

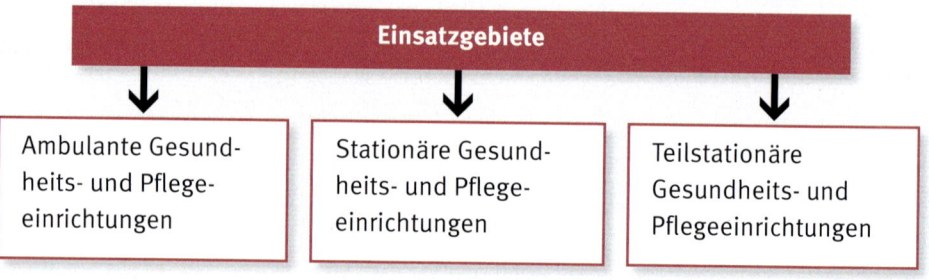

Berufe im Gesundheitswesen

- Medizinische/r Fachangestellte/r
- Zahnmedizinische Fachangestellte/r
- Rettungsassistent/in
- Medizinisch-technische/r Assistent/in

Berufe in der Pflege

- Gesundheits- und Krankenpfleger/in
- Altenpfleger/in
- Heilerziehungspfleger/in
- Pflegehelfer/in

Informationsquellen für alle Fragen der Berufsausbildung:
- Berufsinformationszentrum (BIZ) bei der Bundesagentur für Arbeit
- Berufsberatung bei der Bundesagentur für Arbeit
- BERUFENET der Bundesagentur für Arbeit
- Deutscher Berufsverband für Pflegeberufe
- Verband medizinischer Fachberufe

Miteinander umgehen 1

1.1
Menschen wertschätzen

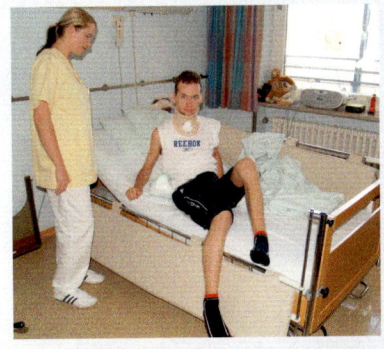

Vielleicht schafft er es allein?

1.2
Miteinander sprechen

Haben wir uns verstanden?

1.3
Besondere Gespräche führen

Augenblicke ohne Angst.

1 Artikel 1 Absatz 1 Grundgesetz

1.1 Menschen wertschätzen

Jeder Mensch wünscht sich ein Leben in Sicherheit und Freiheit. Er möchte sein Leben selbst bestimmten. Dabei muss er im gleichen Maße Rücksicht auf die Freiheit anderer nehmen.

Die gesetzliche Grundlage für das Zusammenleben von Menschen sind die Grundrechte (Artikel), die im **Grundgesetz** (**GG**) der Bundesrepublik Deutschland formuliert sind.

Die Grundrechte gelten ohne Ausnahme für alle Menschen. Niemand darf durch ein Gesetz benachteiligt oder diskriminiert werden.

Jeder Mensch ist unverwechselbar und einzigartig. Seine Würde verliert er auch dann nicht, wenn er sehr krank und in seiner Lebensführung z. B. von Pflegenden abhängig ist 1 .

Zur Würde des Menschen gehört, dass er so weit wie möglich selbstbestimmt entscheiden und handeln kann. Der Erhalt von Selbstständigkeit ist die Kernaufgabe von Medizin und Pflege.

AUFGABE

1. Überlegen Sie, welche Bedeutung Sicherheit und Freiheit für Sie persönlich in Ihrem Alltag haben.

Tauschen Sie sich in der Klasse über Ihre Erfahrungen aus.

AUFGABE

2. Pflegehelferin Lara hilft Frau Möller beim Essen einer Suppe. Frau Möller greift selbst nach dem Löffel, aber das Halten fällt ihr schwer. Lara möchte helfen. Sie nimmt Frau Möller den Löffel weg und reicht ihr lieber selbst die Suppe an.

Was kann Lara stattdessen tun, um Rücksicht auf die Würde von Frau Möller zu nehmen?

2 Patienten aufklären

3 Mit Toleranz zusammenarbeiten

Grundrechte im Berufsalltag leben

Für die Pflegenden in der Welt wurde der ICN-Kodex (International Council of Nurses) entwickelt.

Im ICN-Kodex wird vorgegeben, wie der Pflegende in Anlehnung an die Grundrechte seine berufliche Tätigkeit zum Wohle des Einzelnen ausüben sollte (Tab. 1).

Wertvorstellungen, Religion und Gewohnheiten des Menschen sollen respektiert werden.

Weiterhin beschreibt der ICN-Kodex vier grundlegende Aufgaben der Pflege, denen sich die Pflegenden verpflichtet fühlen sollten:

- Förderung der Gesundheit,
- Verhütung von Krankheit,
- Wiederherstellung von Gesundheit,
- Linderung von Leiden.

Tab. 1: ICN-Ethikkodex für Pflegende (Auszüge)

Arbeitsbereich	Beispiele
Umgang mit Patienten	• Respekt vor der Würde des einzelnen • Aufklärung über alle medizinischen und pflegerischen Maßnahmen 2 • Vertrauenswürdigkeit
Umgang mit Kollegen	• gute Teamarbeit zum Wohl des Patienten 3 • persönlicher Einsatz für gute Arbeitsbedingungen
Umgang mit dem Beruf	• Erhalt des Fachwissens durch Fortbildung • Erhalt der Arbeitsqualität

1 Gedanken über sich selbst

Eine Persönlichkeit entwickeln

Der Umgang mit Menschen in schwierigen Lebenssituationen erfordert sicheres und selbstbewusstes Handeln der Mitarbeiter aus dem Pflege- und Gesundheitsbereich.

Die Entwicklung einer selbstbewussten **Persönlichkeit** kann helfen,

- das eigene Verhalten zu steuern,
- das Verhalten anderer Menschen zu verstehen und
- die Verständigung mit anderen Menschen zu verbessern.

Die meisten Menschen kennen ihre Schwächen und Fehler viel besser als ihre Stärken und Fähigkeiten.

Besser ist es, sich auf seine Stärken zu konzentrieren und sich selbst auch mal zu loben. Durch positives Denken steigt das Selbstbewusstsein 1 .

AUFGABE

ungeduldig
artig
kritisch
pünktlich
schweigsam
aktiv
waghalsig
strebsam
gesellig
emsig
bestimmend
hilfsbereit
spontan
tüchtig
nett
trotzig
gutgläubig
offen
prüde umtriebig

Ordnen Sie in einer Tabelle die Begriffe nach positiven und negativen Eigenschaften und vergleichen Sie anschließend Ihre Liste mit denen Ihrer Mitschülerinnen. Diskutieren Sie.

Menschen wertschätzen

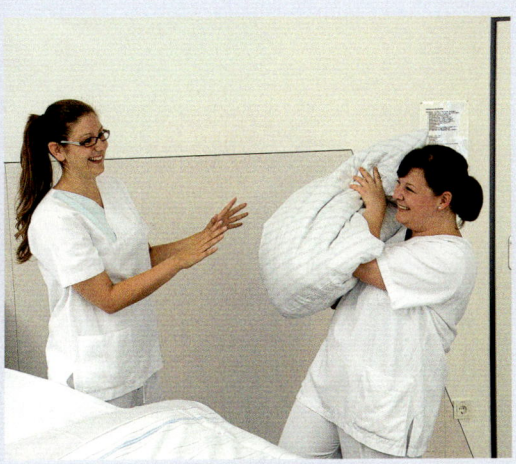

2 Teamarbeit kann Spaß machen

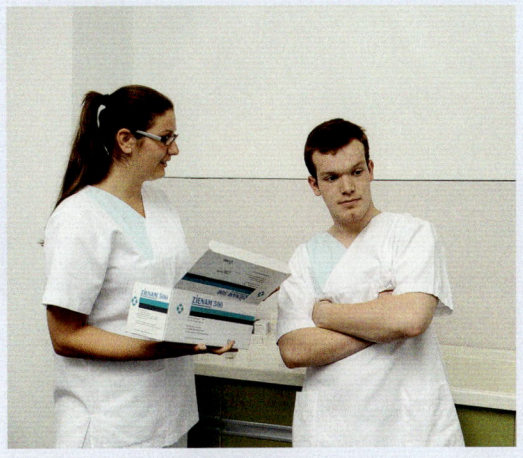

3 Nichts für Außenseiter

Im Team arbeiten

Als **Team** bezeichnet man eine Gruppe, die an einer gemeinsamen Aufgabe und einem gemeinsamen Ziel arbeitet.

Fachleute, die in einem Pflegebereich oder einer Arztpraxis zusammenarbeiten, werden als Pflege- oder Praxisteam bezeichnet.

In einem Team ist die Zusammenarbeit gekennzeichnet durch:

- klare Absprachen (Was machst du und was mache ich?),
- gegenseitige Unterstützung (mitdenken und nachfragen),
- wertschätzenden Umgang miteinander.

Es bringt mehr Spaß, im Team zu arbeiten. Jeder kann seine Ideen einbringen 2 .

> **Durch Teamarbeit wächst die Zufriedenheit mit der Arbeit.**

Durch die engen Absprachen in einem Team sind die Mitarbeiter immer gut informiert. Das ist auch ein Vorteil für den Patienten.

Nicht jedem liegt die enge Zusammenarbeit in einem Team. Damit Teamarbeit funktioniert, muss viel aufeinander zugegangen und miteinander gesprochen werden 3 .

> **AUFGABE**
>
> In der häuslichen Pflege sind Sie überwiegend mit dem Patienten allein. Im Pflegeheim oder einer Arztpraxis arbeiten Sie eng mit Kolleginnen und Vorgesetzten zusammen.
>
> **1.** Überlegen Sie, welcher Arbeitsbereich Ihnen persönlich besser liegen würde. Wo möchten Sie lieber arbeiten?
>
> **2.** Erstellen Sie eine Liste mit Vor- und Nachteilen der Teamarbeit.

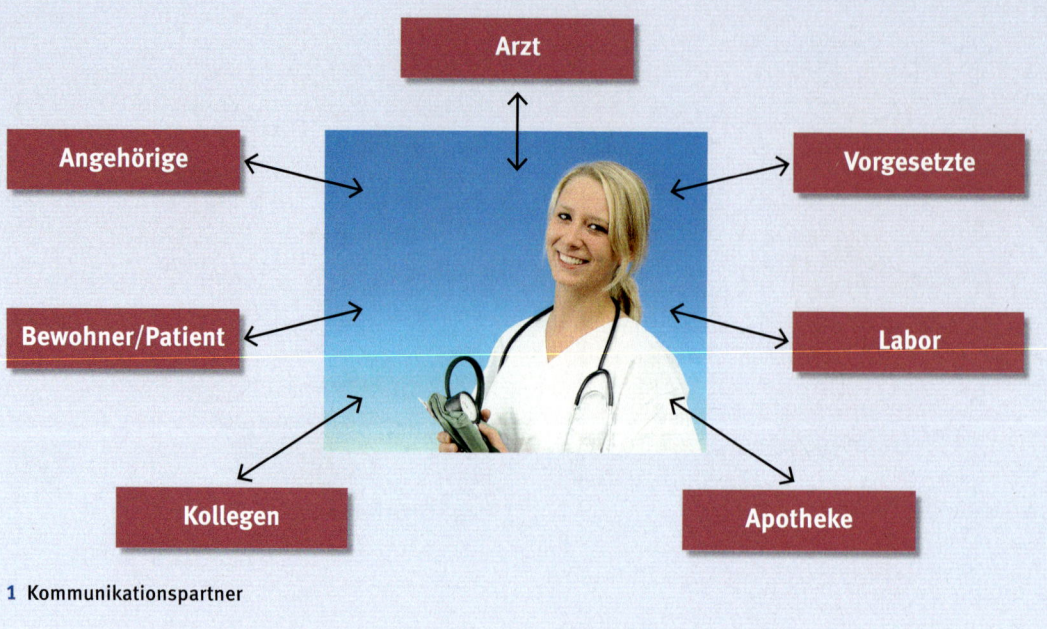

1 Kommunikationspartner

1.2 Miteinander sprechen

Kontakt aufbauen, Gespräche führen, Informationen einholen – in Gesundheits- und Pflegeeinrichtungen wird viel miteinander kommuniziert.

> **Kommunikation ist die Verständigung zwischen zwei oder mehreren Menschen mithilfe z. B. von Sprache.**

Die Vielfalt der Kommunikationspartner ist ebenfalls sehr groß 1 . Eine besondere Rolle spielt die **Kommunikation** mit den Bewohnern und Patienten. Zu ihnen müssen die Mitarbeiter eine gute Beziehung aufbauen.

Zwischenmenschliche Nähe schafft Raum für Vertrauen und Wertschätzung. Beides ist für die Gesundheit und das Wohlbefinden von alten und kranken Menschen sehr wichtig.

> **Kommunikation und die Arbeit mit Patienten gehören untrennbar zusammen.**

AUFGABE

Frau Brehm hat heute einen Termin beim Lungenfacharzt Dr. Pneu.

Die Medizinische Fachangestellte Tabea begrüßt die Patientin und fragt: „Wie geht es Ihnen heute?"

Frau Brehm: „Ich kann die Treppe schon wieder ohne Pause steigen."

Tabea: „Bei Ihnen wird heute eine Lungenfunktion durchgeführt."

Frau Brehm antwortet nicht und wirkt plötzlich gestresst.

Tabea: „Sie müssen keine Angst haben. Ich werde Ihnen vorher alles genau erklären."

Spielen Sie die Situation in einem Rollenspiel nach. Überlegen Sie, warum Kommunikation in so einer Situation wichtig ist.

Miteinander sprechen

 erschrocken
 verschränkte Arme
 sauer
 fuchtelnde Arme
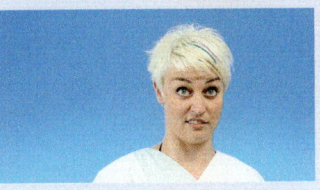 genervt
 erhobener Zeigefinger

2 Mimik

3 Gestik

Ohne Sprache kommunizieren

Es gibt **verbale** und **nonverbale** Kommunikation. Verbale Kommunikation verläuft über Sprache. Nonverbale Kommunikation ist die Verständigung ohne Worte (Tab. 1).

Menschen mit eingeschränktem Hör- oder Sprachvermögen oder einer Demenzerkrankung (andauernde Verwirrtheit) sind besonders auf die Sprache ohne Worte, z. B. das Streicheln der Hände oder den Blickkontakt, angewiesen.

Tab. 1: Nonverbale Sprache	
Form der nonverbalen Sprache	**Aussage (Beispiele)**
Mimik (Gesichtsausdruck) 2	Stirnrunzeln bedeutet Zweifel, Lächeln schafft Vertrauen.
Gestik (Bewegung von Armen und Händen) 3	Verschränkte Arme bedeuten Ablehnung, Handbewegungen machen ein Gespräch lebendiger.
Körperhaltung	Eine aufrechte Körperhaltung zeigt Selbstbewusstsein.
Körperberührung	Ein weicher Händedruck kann als Unsicherheit gedeutet werden.
Blickkontakt	Ist der Blick offen und zugewandt, offenbart er Vertrauen. Ist der Blick abgewandt, kann er ein Zeichen von Unsicherheit sein.

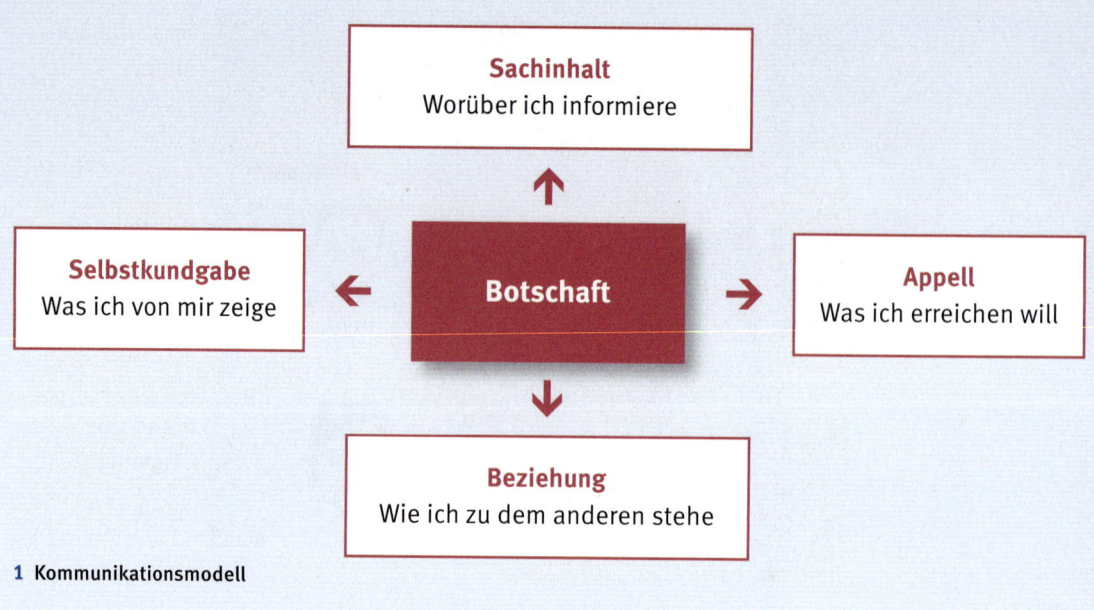

1 Kommunikationsmodell

Sprechen

Berta Müller wurde vor einer Stunde von ihrer Tochter zu einer Untersuchung in die Arztsprechstunde gebracht. Die Tochter wendet sich an die Mitarbeiterin in der Anmeldung und sagt: „Mutter sitzt noch im Wartezimmer."

Je nach Betonung kann der Satz von der Tochter unterschiedliche Botschaften haben (Tab. 1). Auch einfache Aussagen können anders ankommen, als sie gemeint sind 1 .

▌ **Wer spricht, sagt mehr aus als nur die einzelnen Worte.**

Tab. 1: Gesendete Botschaften	
Wie der Satz „Mutter ..." gemeint sein kann:	**Botschaft**
„Meine Mutter sitzt im Wartezimmer."	Feststellung ohne Wertung (Sachinhalt)
„Sie haben den Termin nicht eingehalten."	Vorwurf (Beziehung)
„Mir ist Pünktlichkeit wichtig."	Die Tochter zeigt, dass sie ein pünktlicher Mensch ist. (Selbstkundgabe)
„Meine Mutter soll sofort untersucht werden."	Die andere soll handeln. (Appell)

2 Botschaften hören

Zuhören

Ebenso unterschiedlich, wie eine Nachricht 2 gemeint ist, kann sie auch von der Mitarbeiterin verstanden werden. Der Satz: „Mutter sitzt im Wartezimmer." enthält mehrere Botschaften (Tab. 2).

Kommunikation umfasst auch Missverständnisse, die zu Störungen in der Beziehung zwischen Patient und Mitarbeiter führen.

Ist eine Aussage nicht eindeutig, ist eine Nachfrage hilfreich. So können falsche Reaktionen vermieden werden.

Tab. 2: Ankommende Botschaften

Wie der Satz „Mutter …" gehört werden kann:	Botschaft
„Frau Müller sitzt im Wartezimmer."	Ich werde informiert. (Sachinhalt)
„Ich bin unfähig, Termine zu organisieren."	Ich mache etwas falsch. (Beziehung)
„Frau Müllers Tochter ist immer pünktlich."	Ich erfahre, dass die Tochter ein pünktlicher Mensch ist. (Selbstkundgabe)
„Die Mutter soll aus dem Wartezimmer geholt werden."	Ich muss handeln. (Appell)

1 Blickkontakt auf Augenhöhe

Gespräche führen

Im Gesundheits- und Pflegebereich gibt es viele Anlässe für **Gespräche**, z. B. Terminvergabe oder Beratung von Patienten.

Es gibt Regeln, mit denen das Ziel des Gesprächs schneller und leichter erreicht werden kann (Tab. 1).

Ängste und Befürchtungen von Patienten 2 vor unsicheren Situationen können durch klare und verlässliche Absprachen abgebaut werden.

Echtheit unterstützt die Glaubwürdigkeit einer Aussage und schafft Vertrauen. Durch Einfühlungsvermögen wird Nähe und Verständnis 3 erzeugt (Tab. 2).

Tab. 1: Regeln, die ein Gespräch zum Ziel führen	
Regel	**Wirkung**
Zeitrahmen für das Gespräch gleich festlegen	Gesprächspartner hat das Gefühl, dass man sich Zeit nimmt.
ruhige Umgebung wählen	Ablenkung wird vermieden.
Blickkontakt halten und zuhören 1	Gesprächspartner fühlt sich ernst genommen.
Rückmeldung geben	Gesprächspartner hat das Gefühl, verstanden zu werden.

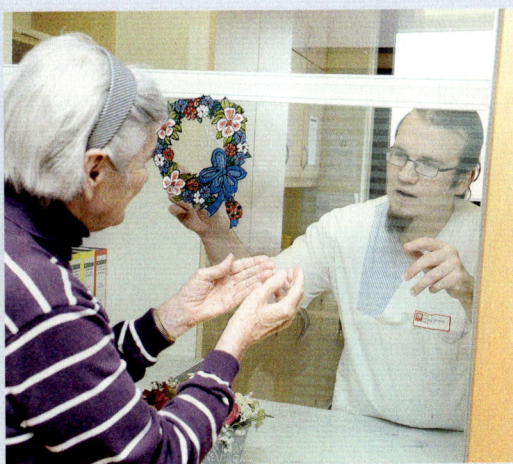
2 Gespräch auf Distanz

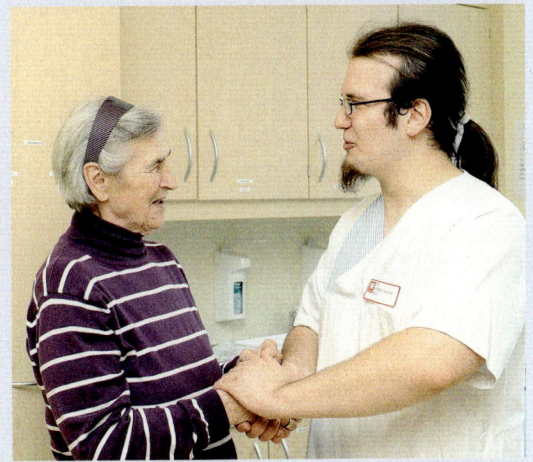
3 Gespräch mit Verständnis

Tab. 2: Persönliche Einstellung im Gespräch

Persönliche Einstellung	Regeln
Klarheit	• spreche langsam und deutlich • verwende eine verständliche Sprache • beschränke dich auf das Wesentliche • mache Gedankenpausen
Echtheit	• sei du selbst, stehe zu dir (Ziele, Wünsche, Bedürfnisse) • zeige deine Gefühle • vertrete deine Meinung • überlege, was du sagst, und sage nicht alles, was du denkst
Einfühlung	• wende dich zu und sprich dein Gegenüber mit Namen an • halte Blickkontakt und verwende Höflichkeitsformen • versetze dich in die Lage deines Gegenübers: Wie mag er jetzt fühlen und denken? • stelle Fragen, wenn du etwas nicht gehört oder verstanden hast

 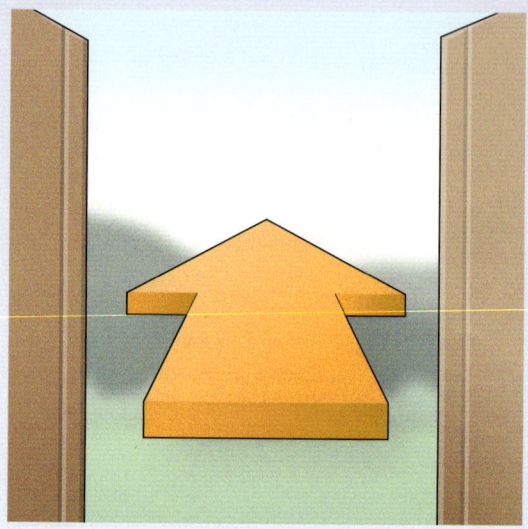

1 Bei geschlossenen Fragen kommt nur ja oder nein. 2 Offene Fragen geben Raum zum Sprechen.

Fragen stellen

Fragen sind Türöffner. Sie helfen, mit einem anderen Menschen in Kontakt zu treten. Im beruflichen Alltag müssen Fragen gestellt werden, z. B. um

- ein Gespräch zu beginnen,
- Informationen zu erhalten,
- Sachverhalte zu verstehen.

Es gibt geschlossene 1 und offene Fragen 2. Bei geschlossenen Fragen sind die Antwortmöglichkeiten eingeschränkt.

Bei den offenen Fragen kann der Gesprächspartner seine Meinung und Wünsche sagen. Das kann kurz und knapp oder ausführlich sein. Offene Fragen helfen, möglichst viel über den alten oder kranken Menschen zu erfahren.

Tab. 1: Beispiele für offene und geschlossene Fragen	
Frageform offene Frage	**Frageform geschlossene Frage**
Wann möchten Sie einen Termin haben?	Können Sie morgen um 9.30 Uhr in die Praxis kommen?
Wie haben Sie heute geschlafen?	Haben Sie heute gut geschlafen?
Wie geht es Ihnen?	Tut der Fuß noch weh?
Wie viel haben Sie heute schon getrunken?	Haben Sie heute schon etwas getrunken?

3 Feedback geben

Gesprächskiller vermeiden

Gute Gespräche zu führen, etwas zu sagen, wie man es meint, oder die richtigen Fragen zu stellen, kann man lernen. Oft hilft es, sich von seinem Gesprächspartner ein **Feedback** (Rückmeldung) einzuholen 3 .

Gelingt es, die **Gesprächsstörer** (Tab. 2) zu vermeiden, ist man schon ein guter Gesprächspartner.

AUFGABE

Schildern Sie Ihrer Tischnachbarin ein Problem, dass Sie kürzlich hatten, z. B. eine Fahrradpanne. Die Tischnachbarin schaut Sie dabei nicht an und reagiert sofort mit der Schilderung eines eigenen Problems. Dann tauschen Sie die Rollen.

Sprechen Sie im Anschluss darüber, wie Sie beide sich dabei gefühlt haben.

Tab. 2: Störer, die den Gesprächspartner abschrecken

Inhalt	Aussage
Vorwürfe machen	„Das hätten Sie sich doch denken können!"
besserwissen	„An Ihrer Stelle würde ich …"
„Ja" sagen, obwohl „nein" gemeint ist	„Ja, aber …"
belehren	„Ihnen ist doch hoffentlich klar, dass …"
nur von sich reden	„Ach ja, mir geht es ja noch viel schlechter."
herunterspielen	„So schlimm ist das doch nicht …"

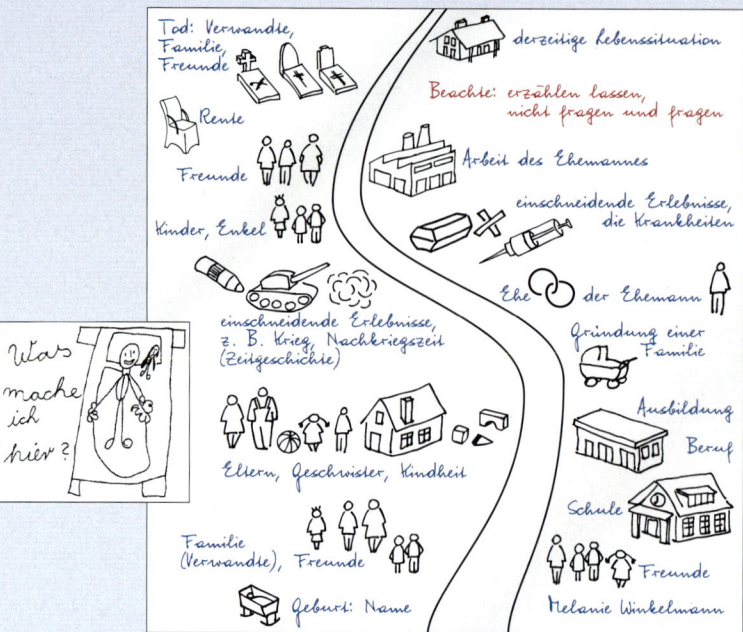

1 Lebensweg eines Menschen

1.3 Besondere Gespräche führen

Jeder Mensch hat eine einzigartige Persönlichkeit. Diese ist z. B. abhängig von seiner **Biografie** (Lebensgeschichte) 1 , den Menschen, mit denen er sich umgibt, oder dem Ort, an dem er lebt.

Daraus ergeben sich verschiedene

- Meinungen,
- Gewohnheiten,
- Probleme und Möglichkeiten.

Krankheit oder Pflegebedürftigkeit wird von jedem Menschen anders wahrgenommen und erlebt. Jede Therapie oder Pflege eines Patienten sollte deshalb genauso individuell (einzigartig) sein wie der Mensch selbst.

> Jede Information über die Lebensgeschichte, Gewohnheiten und Einstellungen eines Patienten ist wichtig.

Erste Informationen einholen

Wenn ein alter Mensch in ein Pflegeheim zieht oder ein neuer Patient eine Arztpraxis betritt, liegen oft nur wenige oder keine Informationen über ihn vor.

Einen Teil der Informationen erhalten die Mitarbeiter vor Ort durch die erste Wahrnehmung, z. B. wirkt der Patient mobil oder eher gebrechlich. Manchmal bringen die Patienten auch die Berichte anderer Ärzte oder Pflegeeinrichtungen mit.

Weiteres erfahren die Mitarbeiter über gezielte Informationsgespräche. Das Erstgespräch mit einem Bewohner oder Patienten wird auch **Anamnese** oder **Pflegeanamnese** genannt.

Die Anamnese wird möglichst bald nach dem Eintreffen des Patienten durchgeführt.

> Informationen über Patienten sind nur für das Fachpersonal bestimmt und dürfen nicht weitererzählt werden.

Besondere Gespräche führen

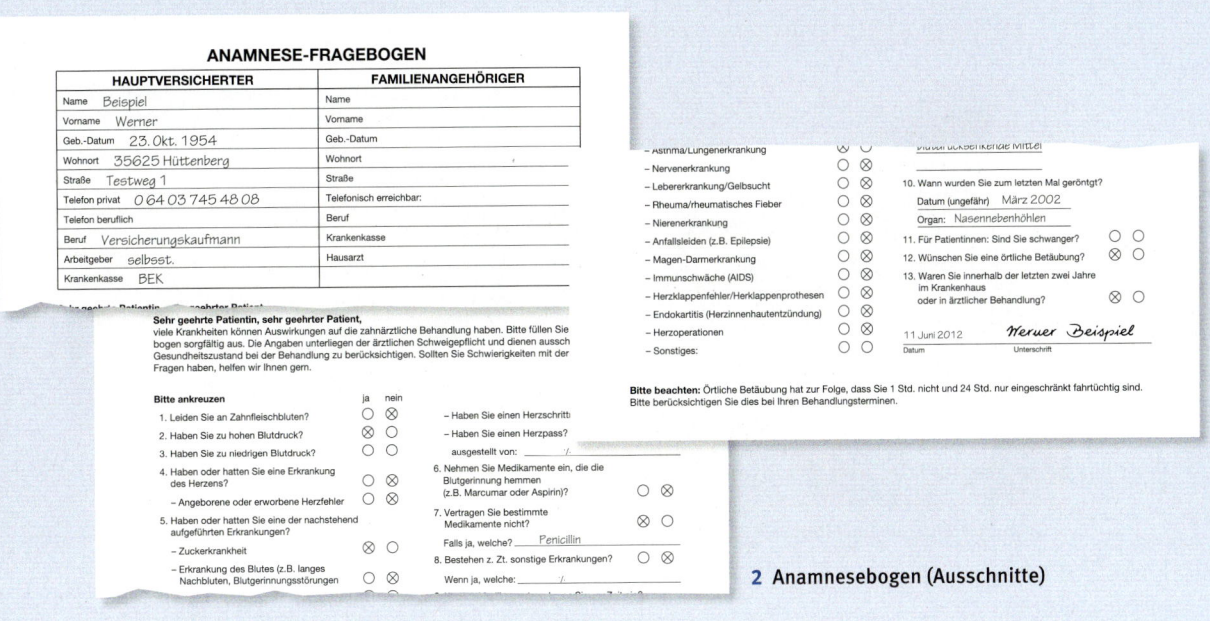

2 Anamnesebogen (Ausschnitte)

Saskia arbeitet in der Neurologischen Facharztpraxis von Dr. Prell. Sie ist bereits im zweiten Ausbildungsjahr. Heute führt sie mit Frau Mirr ein Anamnesegespräch durch und dokumentiert die Antworten auf einem **Anamnesebogen** 2 .

Frau Mirr hat Gedächtnisstörungen und kann sich an wichtige Einzelheiten nicht erinnern. Sie hat deshalb ihre Tochter mitgebracht. Angehörige können auch befragt werden, wenn die Patientin einverstanden ist.

Informationen von sich preiszugeben, ist für die Betroffenen nicht immer einfach. Die Mitarbeiter sollten ihnen auf „Augenhöhe" begegnen und durch Ruhe und Geduld Vertrauen schaffen. Ein Gespräch ist besser als ein einseitiges Interview.

Alle Information, die Patienten und Pflegebedürftige offenbaren und Einfluss auf die Behandlung und Pflege haben (Tab. 1), sollten sofort an die Fachkräfte weitergegeben werden. Sie werden schriftlich dokumentiert.

Tab. 1: Was Pflegende oder medizinisches Personal über ihre Patienten wissen sollten	
Eindeutige Informationen	**Informationen aus der Sicht des Patienten**
• Personalien, Geschlecht und Familienstand • Größe und Gewicht • Beruf und Hobbys • Medikamente und Krankenhausaufenthalte • Vitalwerte, z. B. Puls und Blutdruck	• Beschwerden • Schmerzen • Wahrnehmung des eigenen Gesundheitszustandes • Bewertung des eigenen Gesundheitszustandes • Gewohnheiten und Einstellungen

1 Gespräch mit Kind und Eltern

2 Fotoalbum – Hilfe zum Gespräch mit alten Menschen

Mit Kindern sprechen

Für kleine Patienten ist die Situation beim Arzt und im Krankenhaus oft mit Angst und Unsicherheit verbunden. Sie können ihre Erkrankung schwer einschätzen und die Behandlung nicht verstehen.

Im Gespräch mit Kindern wird deshalb Folgendes beachtet:

- Worte wählen, die Kinder verstehen,
- Kinder vor schmerzhaften Eingriffen kurz vorher warnen,
- Kindern Zeit lassen, um Fragen zu stellen,
- Kinder für die Mitarbeit bei Behandlung und Pflege loben,
- Eltern einbeziehen und mitnehmen 1.

> **AUFGABE**
> 1. Stellen Sie sich vor, Ihre Mitschülerin wäre ein Kind. Erklären Sie ihr mit einfachen Worten, dass Sie bei ihr den Blutdruck messen wollen. Machen Sie ihr Mut.

Mit alten Menschen sprechen

Jeder Mensch wird anders alt. Einige Menschen sind mit 76 Jahren noch aktiv und geistig rege, andere haben bereits Schwierigkeiten mit dem Hören und Sehen oder dem Gedächtnis.

Im Gespräch mit alten Menschen wird deshalb Folgendes beachtet:

- bei Hörproblemen Gesagtes langsam wiederholen,
- nicht zu viele Informationen in einem Satz vermitteln,
- ruhige Gesprächsatmosphäre schaffen,
- zuhören und Zeit zum Sprechen geben 2.

> **AUFGABE**
> 2. Alte Menschen haben eine bewegte Lebensgeschichte hinter sich und man kann viel über die Vergangenheit erfahren. Welche Fragen würden Sie einem alten Menschen stellen? Machen Sie eine Liste.

Besondere Gespräche führen

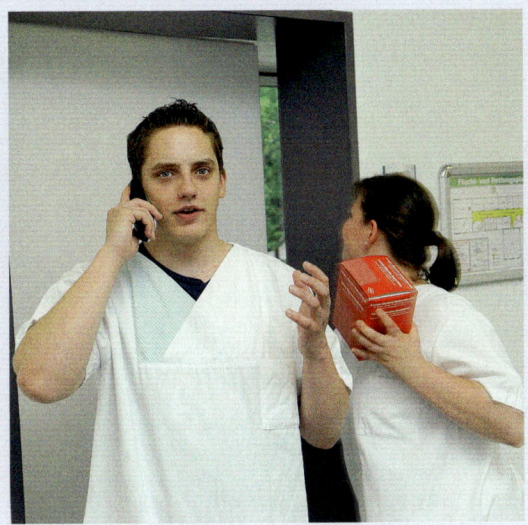

- Seniorenresidenz Sonnenschein, hier ist die Telefonzentrale. Sie sprechen mit Frau Finke, was kann ich für Sie tun?
- Zahnarztpraxis Dr. Müller, Frau Finke am Apparat ... bitte haben Sie etwas Geduld. Ich bin gleich für Sie da.
- Herzlichen Dank für die Information, auf Wiederhören.
- Ich werde die Information weitergeben. Frau Kader wird sich dann bei Ihnen melden.

3 Telefonieren in hektischer Umgebung

4 Begrüßung und Verabschiedung

Am Telefon sprechen

Im Pflegeheim oder Krankenhaus, in der Arztpraxis oder der häuslichen Pflege – überall wird trotz Computer noch viel telefoniert, z. B. mit

- Ärzten und Therapeuten,
- Angehörigen,
- Kranken- und Pflegekassen.

Angehörige informieren sich gerne per Telefon über das Wohlergehen ihrer Eltern oder Kinder. Dabei sind sie oft besorgt. Gerade in so einer Situation sind sie auf die Höflichkeit und Klarheit ihres Gesprächspartners angewiesen.

In einer Pflegeeinrichtung befindet sich das Telefon meist in einer hektischen Umgebung und man muss sich sehr auf seinen Gesprächspartner konzentrieren 3 .

Damit keine Information verlorengeht oder missverstanden wird, hilft es, bestimmte Regeln 4 und 5 einzuhalten.

Grundsätzlich:
- Stift und Papier bereithalten
- höflich und deutlich sprechen
- in angemessener Deutlichkeit sprechen
- keine anderen Dinge tun – das lenkt ab und der Gesprächspartner hört das

Begrüßung/Beendung des Gesprächs
- Name der Einrichtung oder Praxis nennen
- eigenen Namen nennen
- den Gesprächspartner mit Namen ansprechen
- Beenden: für das Gespräch danken und verabschieden

Informationen weitergeben
- Uhrzeit und Namen des Anrufers aufschreiben
- Inhalt des Gesprächs in Stichwörtern notieren und weitergeben
- telefonisch gemachte Zusagen und Abmachungen einhalten

5 Regeln für Telefonate

ZUSAMMENFASSUNG

1. Menschen wertschätzen

- die Würde des Menschen respektieren
- Selbstständigkeit erhalten
- eigenes Selbstbewusstsein entwickeln
- im Team zusammenarbeiten

2. Miteinander sprechen

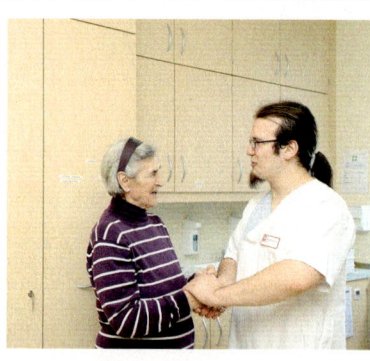

- kommunizieren heißt verständigen
- mit oder ohne Sprache kommunizieren
- sprechen und zuhören
- Missverständnisse vermeiden
- Fragen stellen

3. Besondere Gespräche führen

- Informationen über die Patienten und Bewohner erhalten
- Kindern die Angst nehmen
- alten Menschen geduldig zuhören
- am Telefon freundlich und verbindlich sein

Gesundheit und Krankheit unterscheiden 2

2.1 Wahrnehmen und beobachten

Heute sehen Sie blass aus.

2.2 Messen und Messgeräte

Auf den Zentimeter genau.

2.3 In Notfällen handeln

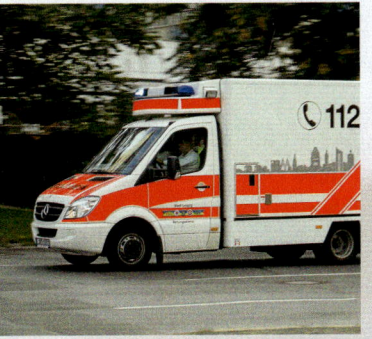

Retter ohne Kompromisse.

1 Vexierbilder

AUFGABE

1. Betrachten Sie die beiden Bilder 1 und beschreiben Sie, was Sie sehen.

2.1 Wahrnehmen und beobachten

Eine Medizinische Fachangestellte nimmt bei einer Patientin im Wartezimmer ein stark gerötetes Gesicht wahr. Sie vermutet bei der Patientin einen hohen Blutdruck. Sie misst den Blutdruck und bestätigt ihren Eindruck.

Wahrnehmungen und **Beobachtungen** werden im Gesundheits- und Pflegebereich nie dem Zufall überlassen. Aus ihnen werden wichtige Informationen für die weitere pflegerische und medizinische Versorgung gewonnen.

Bei der Wahrnehmung handelt es sich um zufällige Sinneseindrücke (Tab. 1). Eine Beobachtung ist dagegen eine gezielte Informationssammlung. Die Mitarbeiterin weiß, worauf sie achten muss.

> Mitarbeiter im Gesundheitsbereich müssen ihre Wahrnehmung besonders schulen.

Beobachtet wird mit der Drei-Schritt-Methode:

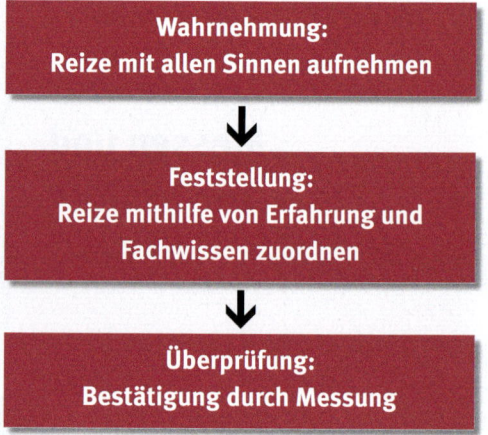

Wahrnehmung: Reize mit allen Sinnen aufnehmen

↓

Feststellung: Reize mithilfe von Erfahrung und Fachwissen zuordnen

↓

Überprüfung: Bestätigung durch Messung

AUFGABE

2. Ein Bewohner eines Pflegeheims liegt aufgedeckt in seinem Bett. Er schwitzt. Die Pflegende vermutet, dass er Fieber hat. Sie misst die Körpertemperatur.

Leiten Sie aus dem Fallbeispiel die 3 Schritte der Beobachtung ab.

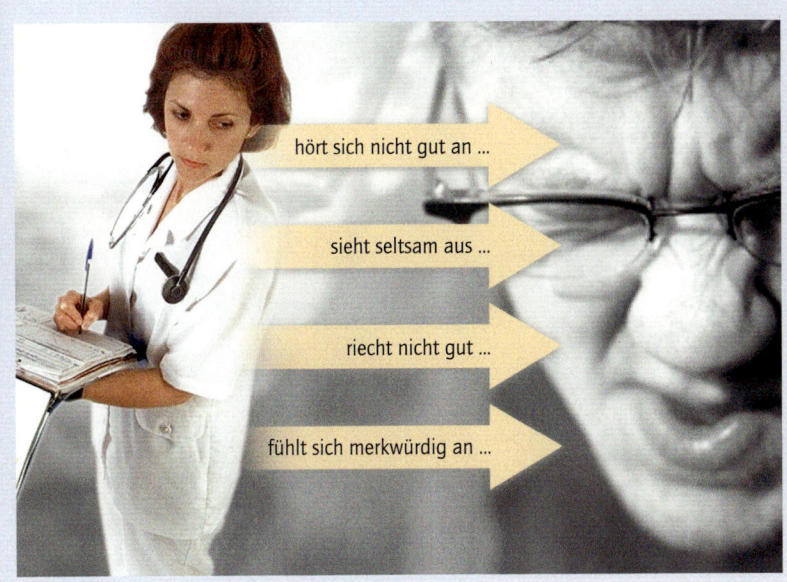

2 Wahrnehmung mit allen Sinnen

Tab. 1: Mit allen Sinnen beobachten			
Sinnesorgan	**Sinn**	**Empfindung**	**Was kann am Menschen beobachtet werden?**
Auge	Sehen	Farben, Formen, Muster	Hautfarbe, Mimik, Gestik, Körperhaltung, Gangart, Hautzustand, Ausscheidung
Ohr	Hören	Töne, Geräusche	Atemgeräusche, Schmerzäußerungen, Herzschlag
Haut	Tasten/Fühlen	Berührung, Druck, Schmerz	Herzschlag, Temperatur, Hautzustand
Nase	Riechen	Düfte, Gerüche	Ausscheidungen, Zersetzungsgerüche, Schweiß
Zunge	Schmecken	Geschmacksrichtung	Nahrungszustand

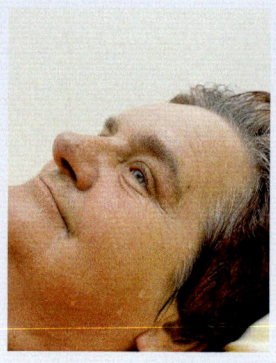

1 Schwitzender Mensch

2 Schmerzverzerrtes Gesicht

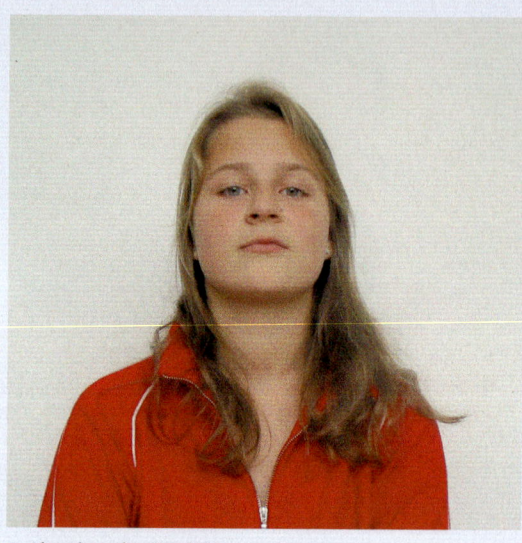

3 Abweisendes Gesicht

Im Berufsalltag beobachten

Beobachtet wird mit allen Sinnen. Jede kleine Auffälligkeit bei einem Menschen kann ein Hinweis auf eine Veränderung eines Krankheitsverlaufs sein.

Aus der Hautfarbe und der Körperhaltung kann z. B. der Kreislaufzustand abgeleitet werden. Beobachtet werden kann z. B., ob der Patient

- blass oder hochrot ist 1 ,
- blaue Lippen hat
- oder beim Stehen schwankt.

Aus dem, was ein Patient sagt oder wie er spricht, kann z. B. gehört werden, ob er Schmerzen hat:

- Klagen über Schmerzen,
- Schmerzäußerungen 2 ,
- laute Atemgeräusche.

Veränderungen müssen umgehend einer Fachkraft mitgeteilt werden.

Durch das Anfassen des Körpers kann die Pflegende oder Medizinische Fachangestellte z. B. erkennen, ob der Mensch Fieber hat:

- Ist der Puls erhöht?
- Fühlt er sich heiß an?
- Ist die Haut feucht durch Schweiß?

Die Gestik und Mimik, Körperhaltung, Sprache und Stimme eines Menschen gibt z. B. Aufschluss über seine Stimmungslage. Ist er

- lachend,
- weinend,
- zurückhaltend
- oder abweisend 3 ?

Abweisung und Zurückhaltung sind oft Anzeichen für Angst und Unsicherheit.

AUFGABE

Beschreiben Sie die Gemütsverfassung eines Menschen, der bald operiert wird.

Wahrnehmen und beobachten

4 Hat der Mensch Spaß an der Bewegung?

5 Hat der Mensch Appetit?

Gelegenheiten zur Beobachtung

Für Mitarbeiter im Gesundheitsbereich gibt es bei vielen Begegnungen (Tab. 1) die Möglichkeit zur Beobachtung. Besonders geeignet sind Situationen, in denen man engen Patientenkontakt hat.

> **AUFGABE**
>
> Begrüßen Sie eine Mitschülerin in einem leeren Raum. Stellen Sie fest, in welcher Stimmungslage sie sich befindet.

Tab. 1: Gelegenheiten der Patientenbeobachtung

Gelegenheit	Was kann beobachtet werden?
Patientenannahme	• Stimmungslage • Haut- und Ernährungszustand • körperliche Beeinträchtigungen
Körperpflege	• Hautveränderungen • Hautzustand • Bewegungseinschränkungen
Aktivieren und Beschäftigen 4	• Kreativität • Interessen • Kontakte
Anreichen/Essen 5	• Vorlieben • Geschmack • Schluckstörungen • Appetit

Wahrnehmen und beobachten

1 Gesprächsnotiz

2 Dokumentationsmappen

Beobachtungen weitergeben und dokumentieren

Alle Mitarbeiter, die an der Behandlung und Pflege eines Patienten beteiligt sind, müssen über Beobachtungen und Messergebnisse informiert werden.

Damit keine Informationen verloren gehen, werden sie schriftlich festgehalten. Auch bei Telefonaten sollte eine Gesprächsnotiz 1 erstellt werden.

Bei der **Dokumentation** sollte immer

- genau und unmissverständlich formuliert,
- vollständige und zeitnahe Angaben gemacht und
- alle Angaben mit Datum und Unterschrift versehen werden.

Alle Informationen über einen Patienten unterliegen der Schweigepflicht.

Tab. 1: Weitergabe von Beobachtungen	
Art der Weitergabe	**Welche Informationen? (Beispiele)**
telefonische Auskünfte	kurze Angaben, z. B. an Ärzte, Angehörige, damit schnell gehandelt werden kann
schriftliche Berichte 2	Besonderheiten bei der Versorgung, z. B. der Patient hatte keinen Appetit
Tabellen und Protokolle 2	Messergebnisse, z. B. Blutdruck, Trinkverhalten

Wahrnehmen und beobachten

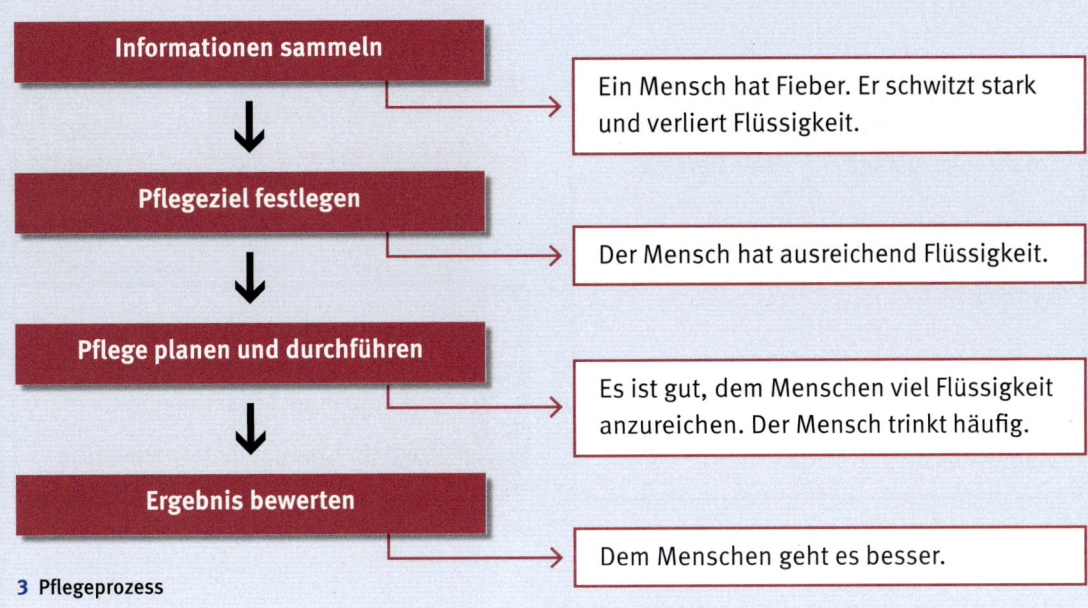

3 Pflegeprozess

Mit Informationen weiterarbeiten

Eine Schülerin möchte einen Kuchen für ihre Mitschüler backen. Aus den Beobachtungen ihrer Mitschüler weiß sie, welcher Kuchen ihnen am besten schmecken könnte.

Anschließend schreibt sie eine Liste der Zutaten, kauft ein und backt den Kuchen. Am nächsten Tag ist der Kuchen schnell vertilgt. Alle Mitschüler finden ihn köstlich.

Beim Kuchenbacken ist folgender Ablauf erkennbar:

- Einschätzung,
- Planung,
- Durchführung
- und Bewertung.

Dieser Ablauf lässt sich auch auf die Behandlung und Pflege alter und kranker Menschen übertragen. Dort wird er **Pflegeprozess** 3 genannt. Die Arbeitsschritte laufen immer nach dem gleichen Schema ab.

Die Handlungen in der Pflege sind klar organisiert, damit alle Bedürfnisse und Probleme des Patienten erkannt und in der Pflege berücksichtigt werden können.

> **Keine Pflegehandlung wird dem Zufall überlassen.**

AUFGABE

Eine Mitschülerin ist während der Pause gestürzt und blutet am Knie. Sie wollen ihr helfen und wenden dabei Ihr Alltagswissen an.

Beschreiben Sie Ihr Handeln mithilfe des Pflegeprozesses:

a) Was wissen Sie?

b) Was wollen Sie für Ihre Mitschülerin erreichen?

c) Welche helfenden Maßnahmen kennen Sie und wie führen Sie diese durch?

d) Wie fühlt sich die Mitschülerin anschließend?

2.2 Messen und Messgeräte

Jeder kennt das Gefühl von Schlappheit und schmerzenden Gelenken. Oft wird es noch begleitet von Husten oder Übelkeit. Der erste Griff geht zum Fieberthermometer. Zeigt das Thermometer über 37°C an, haben wir Gewissheit – wir bleiben im Bett oder gehen zum Arzt.

Messwerte sagen viel aus über den menschlichen Gesundheitszustand. Wenn sie von der Normalität abweichen, weisen sie oft auf eine Erkrankung hin. Diese muss behandelt oder in der Pflege berücksichtigt werden.

Gemessen werden können z. B.:

- Größe und Gewicht,
- Puls und Blutdruck,
- Körpertemperatur.

> **Die Messinstrumente müssen funktionsfähig sein und regelmäßig geprüft werden.**

Größe und Gewicht

Der **Ernährungszustand** (Tab. 1) eines Menschen wird nach dem Verhältnis von Körpergröße (Tab. 2) und Körpergewicht beurteilt. Er gibt Auskunft über das persönliche Wohlbefinden und Krankheitsrisiken des Patienten.

Zur Ermittlung des Gewichts stehen Stand- und Sitzwaagen zur Verfügung. Die Gewichtskontrolle sollte möglichst am Morgen nüchtern erfolgen.

Tab. 1: Normal-, Über- oder Untergewicht

Ernährungszustand	BMI-Bereich
Untergewicht	16–20
Normalgewicht	20–25
Übergewicht	25–30
Fettleibigkeit (Adipositas)	> 30

$$\text{Body-Mass-Index (BMI)} = \frac{\text{Körpergewicht in kg}}{(\text{Körperlänge in m})^2}$$

1 Formel zur Bestimmung des Ernährungszustandes

AUFGABE

Berechnen Sie mit der Formel 1 Ihren Body-Mass-Index und bestimmen Sie Ihren Ernährungszustand.

Liegt Ihr Gewicht im Normbereich?

Tab. 2: Messung der Körpergröße

Position	Messart
Messen im Stehen	aufrechte Haltung; Gesäß, Fersen, Kopf berühren die Messlatte
Messen im Liegen	Kopfteil des Bettes flach stellen, Maßband von Ferse zum Scheitel halten

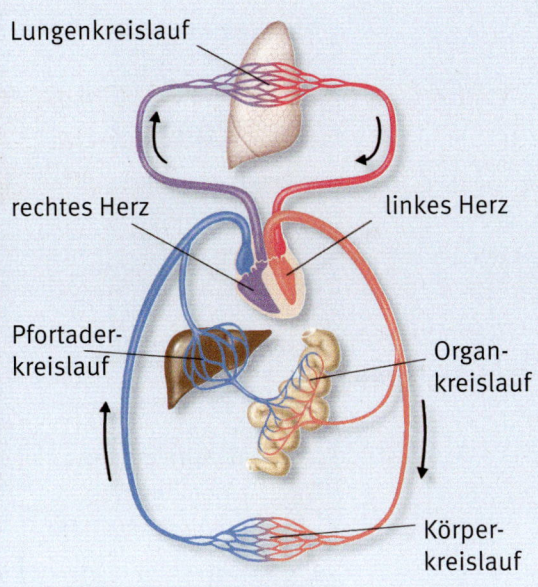

2 Körper- und Lungenkreislauf

Aus dem Herzen wird das Blut in zwei Richtungen gepumpt:

- in die Lunge, wo es Sauerstoff aufnimmt (Lungenkreislauf) und

- in den Körper, wo es auf die Organe verteilt wird (Körperkreislauf).

Körperkreislauf

Der **Körper- und Lungenkreislauf** 2 ist das wichtigste Transportsystem des Körpers. Seine Aufgabe ist z. B.:

- Transport der Nährstoffe, Vitamine und Sauerstoff zu den Körperzellen,
- Verteilung der Hormone und Abwehrstoffe,
- Wärmeverteilung.

Das Blut durchströmt den Körper in einem geschlossenen Gefäßsystem, das aus **Arterien** (Schlagadern), **Venen** (Hohladern) und **Kapillaren** (Haargefäßen) besteht (Tab. 3).

Das Herz

Das **Herz** ist ein faustgroßer Muskel, der sich im mittleren Brustkorb befindet. Das Herz ist in eine linke und rechte Hälfte geteilt.

Durch Zusammenziehen des Herzmuskels wird der Blutstrom in Bewegung gehalten. Herzklappen sorgen dafür, dass das Blut nur in eine Richtung fließen kann.

Die linke Hälfte des Herzen presst das Blut in den Körperkreislauf, die rechte Hälfte des Herzens presst das Blut in den Lungenkreislauf. Dort wird das Blut mit Sauerstoff angereichert.

Tab. 3: Blutgefäße	
Bezeichnung	**Aufgabe**
Arterien	führen das Blut vom Herzen weg
Venen	bringen das Blut zum Herzen hin
Kapillaren	verbinden Arterien und Venen und geben z. B. Sauerstoff ans Gewebe ab

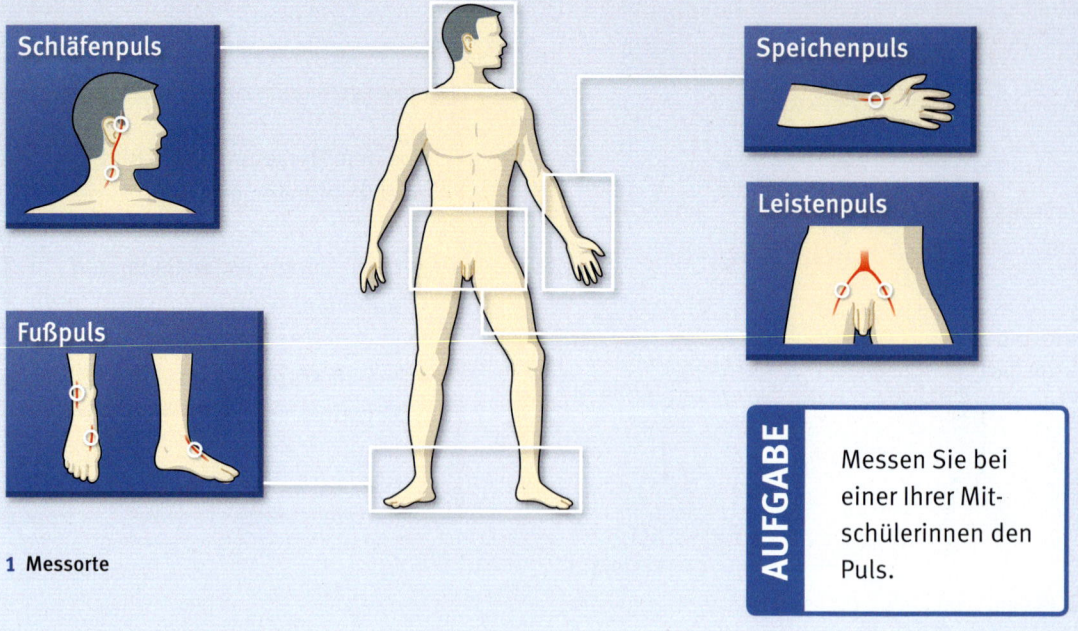

1 Messorte

AUFGABE: Messen Sie bei einer Ihrer Mitschülerinnen den Puls.

Puls fühlen und zählen

Bei jedem Herzschlag wird Blut mit Druck in die Blutgefäße gepresst. Der Anstoß dieser Blutwelle in die Blutgefäße ist als **Puls** fühlbar.

Der Puls ist ein wichtiges Vitalzeichen und wird bei kranken Menschen regelmäßig kontrolliert. Er gibt Aufschluss über den Zustand der Herztätigkeit. Die Pulswelle verläuft normalerweise in regelmäßigen Abständen (Tab. 1).

Der Puls ist überall fühlbar, wo Arterien oberflächlich verlaufen und mit leichtem Druck auf die darunterliegenden Knochen gedrückt werden können 1 .

Die Pulsanzahl wird immer eine Minute lang gezählt. Bei der Messung wird deshalb eine Uhr mit Sekundenzeiger benötigt.

> **Eine unregelmäßige Schlagfolge der Pulswelle kann auf eine Erkrankung hinweisen.**

Die Herztätigkeit wird durch körperliche oder seelische Anstrengung beeinflusst, z. B.:

- Bewegung (Puls steigt),
- Schlaf (Puls sinkt),
- seelische Ereignisse, z. B. Angst, Freude (Puls steigt).

Tab. 1: Puls beim Erwachsenen

Schläge pro Minute	Bezeichnung
55–85	normal
mehr als 100	zu hoch
unter 55	zu niedrig

Mögliche Hinweise auf Erkrankungen sind ein:

- zu schneller oder langsamer Puls,
- unrhythmischer Puls oder
- zu starker oder schwacher Puls.

Messen und Messgeräte

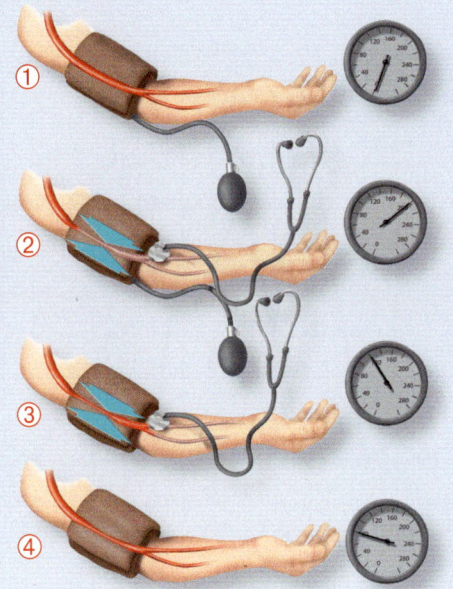

Tab. 2: Blutdruckwerte	
Blutdruck	**Erwachsene**
unter RR 100/60	niedrig
bis RR 130/80	optimal
ab RR 140/90	hoch
ab RR 180/110	sehr hoch

2 Blutdruckmessung mit Stethoskop

Blutdruck messen

Die Kraft, die das Blut auf die Wände der Blutgefäße ausübt, wird **Blutdruck** genannt. Der Blutdruck wird gemessen, um die Stabilität des Körperkreislaufs zu prüfen.

Bei der Messung werden zwei Werte (Tab. 2) ermittelt:

- **Systole** (oberer Wert): Druck, mit dem das Blut vom Herzen in den Kreislauf gepumpt wird,
- **Diastole** (unterer Wert): Druck des Blutes auf die Wand der Blutgefäße.

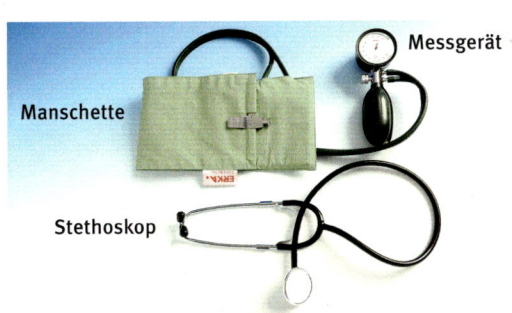

3 Blutdruckmessgerät

Der Blutdruck wird am linken Oberarm mit einer Druckmanschette und einem Stethoskop gemessen ② und ③:

- Manschette oberhalb der Ellenbeuge anlegen und Membran an der Innenseite des Oberarms befestigen ①.

- Manschette so lange aufpumpen, bis kein Puls am Handgelenk fühlbar ist ②.

- Luft langsam aus der Manschette ablassen, bis erste Töne zu hören sind. Das Messgerät zeigt die Systole an ③.

- Luft weiter ablassen, bis keine Töne mehr zu hören sind. Die Messuhr zeigt die Diastole an ④.

> Der Blutdruck wird in der Dokumentation immer mit der Abkürzung RR angegeben, z. B. RR 130 (Systole)/80 (Diastole).

> Vor der Messung sollte sich der Patient körperlich nicht anstrengen.

Messen und Messgeräte

1 Wasser trinken

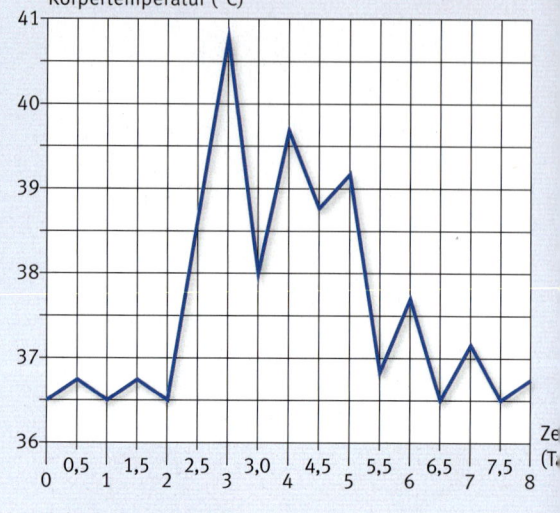

2 Fieberkurve bei Grippe

AUFGABE

Überlegen Sie, warum die Aufnahme von Flüssigkeit bei Fieber wichtig ist.

Körpertemperatur

Durch Verbrennung von Nahrungsstoffen wird im menschlichen Körper Wärme und Energie erzeugt. Dabei entsteht eine gleichbleibende **Körpertemperatur** zwischen 36 und 37 °C.

Einen Teil dieser Wärme verliert der Körper durch Atmung, Urin und über die Haut. Für den Ausgleich sorgt das Wärmezentrum im Gehirn. Wärme wird durch Zittern und Schüttelfrost erzeugt und durch Schwitzen abgegeben.

Bei einer Unterkühlung sieht der Mensch blass aus, friert und verspürt eine Gefühllosigkeit an Händen und Füßen.

Bei einer erhöhten Körpertemperatur fühlt sich der Mensch krank. Muskelzittern, Zähneklappern und Schüttelfrost sind häufige Begleiterscheinungen.

> **Fieber ist keine Krankheit, sondern nur ein Anzeichen dafür.**

Fieber

Der Körper kämpft gegen eingedrungene Krankheitserreger an. Es kommt zu einer vermehrten Wärmebildung und erhöhter Körpertemperatur (Tab. 1), die durch Schwitzen nicht mehr ausgeglichen werden kann 1.

An der Fieberkurve kann der Arzt möglicherweise die Ursache einer Erkrankung erkennen. Die Körpertemperatur muss deshalb dokumentiert werden 2.

Tab. 1: Körpertemperatur

Wert	Bezeichnung
36 °C	zu wenig
36° – 37 °C	normal
37,1° – 38,1 °C	erhöht
ab 38,2 °C	Fieber

Messen und Messgeräte

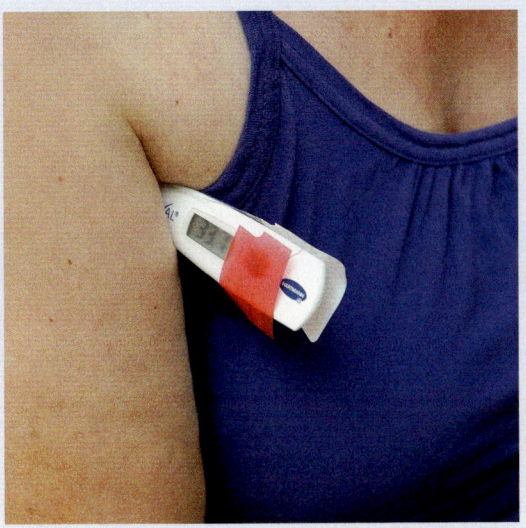

3 Messung axillar

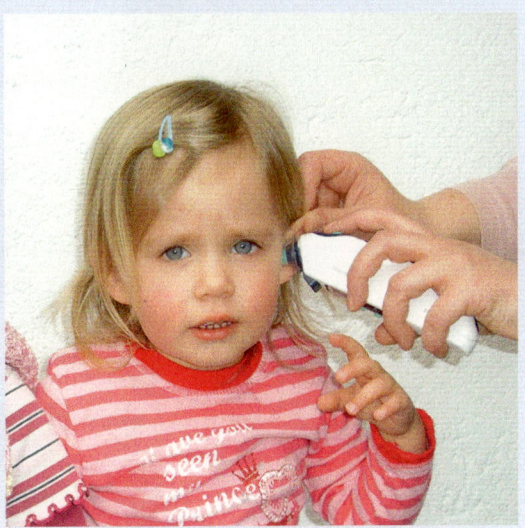

4 Messort Gehörgang

Körpertemperatur messen

Die Körpertemperatur kann an mehreren Körperstellen (Tab. 2) gemessen werden. Je nach Messort ergeben sich unterschiedliche Werte.

Damit die Abweichungen erkannt werden können, sollten alle Messungen immer am gleichen Ort, mit den gleichen Thermometern und zur gleichen Tageszeit erfolgen.

> **AUFGABE**
>
> Messen Sie bei einer Ihrer Mitschülerinnen die Körpertemperatur axillar.

Zum Messen unter der Achsel, der Zunge oder im Mastdarm wird ein digitales Fieberthermometer benutzt. Zur Wahrung der Hygiene wird es nur mit einer Schutzhülle benutzt und nach Gebrauch desinfiziert.

Tab. 2: Körperstellen zum Fiebermessen	
Messort	**Was ist zu beachten?**
axillar (unter der Achsel) 3	wenn genaue Werte erforderlich sind, können diese durch Achselschweiß verfälscht werden
oral/sublingual (unter der Zunge)	misst ungenau, Gefahr des Verschluckens bzw. Zerbeißens durch den Patienten
rektal (im Mastdarm)	misst genau, Eingriff in die Intimsphäre des Patienten, hygienisches Vorgehen ist erforderlich
im Gehörgang 4	wenig belastend für Patienten, deshalb gut geeignet für Kinder

- „Wo ist es passiert?"
- „Was ist geschehen?"
- „Wie viele Personen sind zu versorgen?"
- „Welche Verletzungen haben die Betroffenen, z. B. Bewusstlosigkeit, Atemnot oder Blutungen?"

... Warten auf Rückfragen

1 Wichtige Angaben bei einem Notruf

2.3 In Notfällen handeln

Ein neuer Patient betritt die Praxis. Er sieht blass aus, klagt über Übelkeit und bricht zusammen. Notfälle treten plötzlich und unerwartet auf. Häufig liegt eine Lebensgefährdung vor. Es muss sicher und schnell gehandelt werden:

Der **Notruf** 1 kann über folgende Telefonnummern abgesetzt werden: 110 oder 112. Auch Handys ohne Guthaben können die Notrufnummer anwählen.

In Krankenhäusern können Ärzte bereits nach lautem Rufen anwesend sein. In Bewohner- oder Patientenzimmern befinden sich Telefone oder Notklingeln, mit denen schnell Hilfe herbeigerufen werden kann.

Vorrang vor der Ersten Hilfe hat der Schutz der eigenen Person und der Mitbewohner und -patienten. Mobile Patienten werden vom Unfallort weggeführt oder es wird ein Sichtschutz aufgestellt.

! Mitarbeiter im Gesundheitswesen müssen regelmäßig Erste-Hilfe-Kurse besuchen.

AUFGABE
Beschreiben Sie eine Notfallsituation. Führen Sie mit verteilten Rollen einen Notruf durch.

2 Stabile Seitenlage

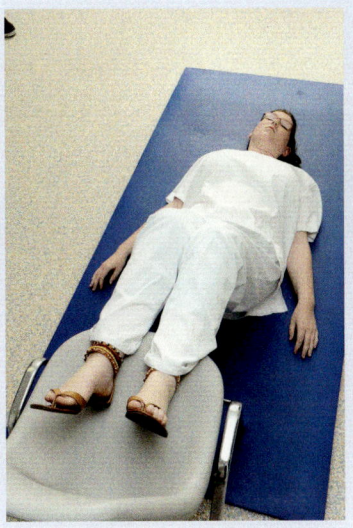
3 Schocklagerung

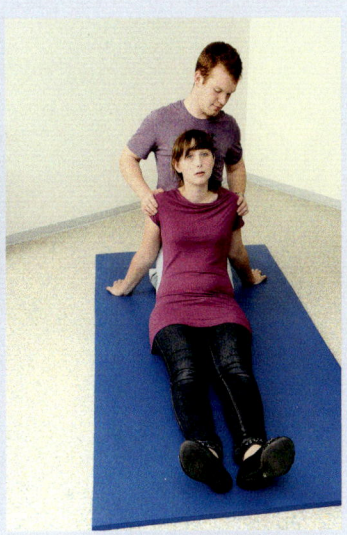
4 Atemunterstützende Lagerung

Lagerungen bei Notfällen

Ein Notfall kann überall und jederzeit eintreten. Im Gesundheitswesen kommen folgende Notfälle häufig vor:

- Bewusstlosigkeit,
- Kreislaufschock,
- Atemnot.

Betroffene müssen in den drei Fällen angemessen gelagert werden (Tab. 1).

Bewusstlos ist jemand, der bei geschlossenen Augen auf leichte Schmerzreize nicht reagiert.

Nasskalte, klebrige und blasse Haut sowie ein schneller Puls können erste Warnzeichen für einen **Kreislaufschock** sein.

Bei **Atemnot** ist darauf zu achten, dass die Atemwege frei sind: Es dürfen keine Fremdkörper im Mund sein, z. B. Zahnprothese oder Nahrungsreste. Einengende Kleidungsstücke müssen geöffnet werden.

Tab. 1: Lagerungen bei Notfällen (Auswahl)	
Notfall	**Lagerung**
Bewusstlosigkeit	stabile Seitenlagerung 2
Kreislaufschock	auf den Rücken legen und Beine auf 45° anheben 3
Atemnot	halbsitzende Position und die Arme nach hinten gestreckt 4

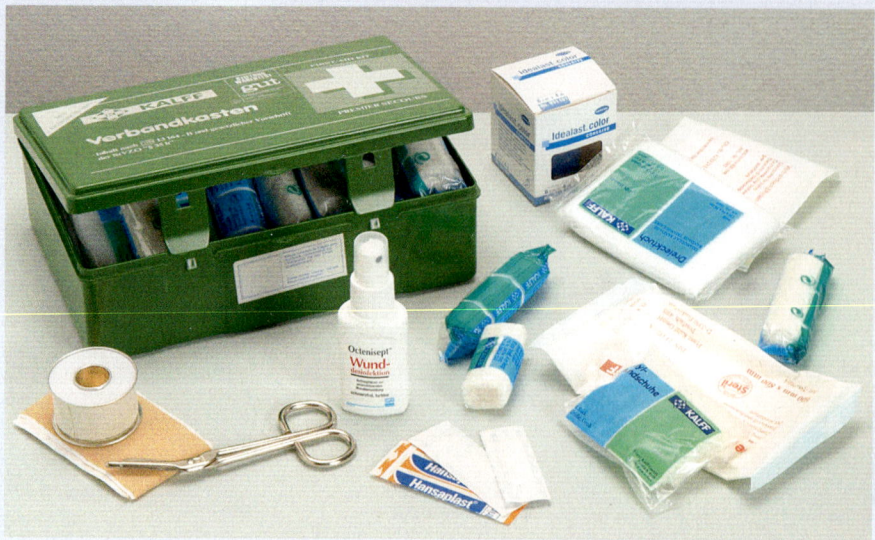

1 Verbandskasten

Verbandskasten

Zur fachgerechten Versorgung von Verletzungen wird Verbandsmaterial benötigt. In Kraftfahrzeugen, öffentlichen Gebäuden und Arbeitsstätten werden Verbandskästen 1 an einem gut sichtbaren Platz aufbewahrt.

Das Verfallsdatum und die Vollständigkeit der Materialien (Tab. 1) werden regelmäßig kontrolliert. Die Scheren müssen nach jeder Anwendung gesäubert werden.

In jeder Einrichtung gibt es Hinweisschilder oder Markierungen, die auf den Ort des Verbandskastens hinweisen.

> **AUFGABE**
>
> Kontrollieren Sie den Verbandskasten in Ihrem Arbeitsbereich auf Vollständigkeit.
>
> Beachten Sie dabei auch das Verfallsdatum.

Tab. 1: Inhalte eines Verbandskastens	
Grundausstattung des Verbandskastens	**Zusätzliche Materialien**
• Handschuhe • Pflaster • Dreieckstuch • Fixierbinden • Verbandspäckchen und Kompressen • Klebeband und Verbandsschere • Rettungsdecke	• elastische Binden • Mundspatel • sterile Mulltupfer • Wunddesinfektionsmittel • Löschdecke

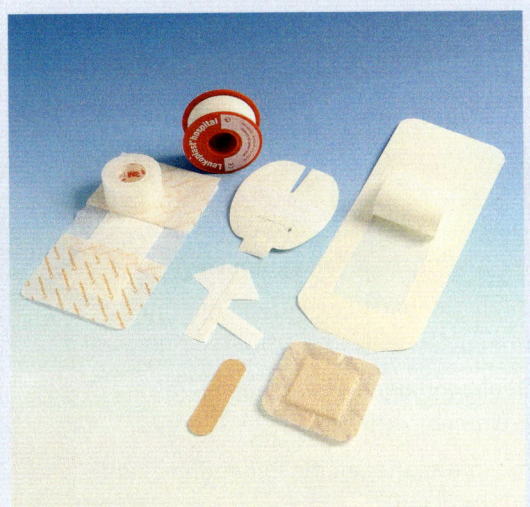
2 Pflaster in unterschiedlichen Größen

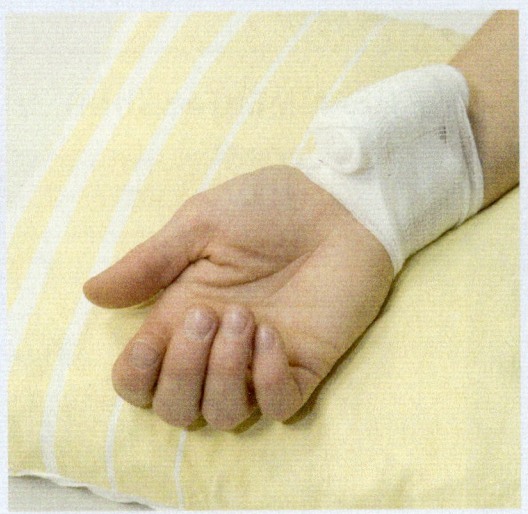
3 Druckverband

Einfache Wundverbände

Verbände kommen nicht nur bei der Ersten Hilfe zum Einsatz. Sie spielen auch bei der andauernden Versorgung von Patienten eine wichtige Rolle.

Verbände haben die Aufgabe:

- vor Eindringen von Krankheitserregern zu schützen,
- durch Druck eine Blutstillung zu erreichen,
- Wundauflagen zu fixieren,
- Gelenke bei Verletzungen zu stützen.

Wundschnellverbände (Pflaster) werden z. B. bei kleineren Wunden mit geringer Blutung benutzt 2 .

Durch entsprechende Einschnitte in das Pflaster kann der Verband verschiedenen Körperformen angepasst werden.

> **Beim Anlegen von Wundverbänden Schutzhandschuhe tragen.**

Jede Blutung lässt sich durch genügend Druck von außen stillen, deshalb muss bei starken Blutungen ein **Druckverband** angelegt werden 3 . Als Druckpolster eignet sich z. B. ein weiteres Verbandspäckchen.

> **Bei allen Hilfeleistungen ist an die seelische Betreuung des Patienten zu denken.**

Bei der Erstversorgung von Wunden ist die folgende Vorgehensweise sinnvoll:

Zusammenfassung

ZUSAMMENFASSUNG

1. Wahrnehmen und beobachten

- wahrnehmen mit allen Sinnen
- durch Beobachtung gezielt Informationen sammeln
- Beobachtungen weitergeben und dokumentieren
- mit Informationen die Behandlung und Pflege planen

2. Messen und Messgeräte

- durch Messwerte Informationen über den Gesundheitszustand eines Menschen erhalten
- Körpergröße und Gewicht, Puls, Blutdruck und Körpertemperatur messen
- Messungen mit unterschiedlichen Geräten durchführen, z. B. Thermometer oder Blutdruckmessgerät

3. Handeln in Notfällen

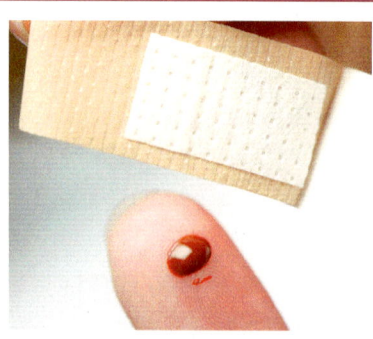

- bei Notfällen Lagerungen durchführen, z. B. stabile Seitenlage, Schock- oder atemunterstützende Lagerung
- Verbandskasten nutzen
- einfache Wundverbände anlegen

Für Sauberkeit sorgen 3

3.1 Persönliche Hygiene

Eine Hand wäscht die andere.

3.2 Praxis- und Stationshygiene

Sauber ist nicht gleich rein.

3.3 Lebensmittelhygiene

Außen hui, innen pfui?

1 Mangelnde Hygiene

2 Direkte Ansteckung

3 Indirekte Ansteckung

3.1 Persönliche Hygiene

Unter **Hygiene** versteht man alle Maßnahmen, die die Gesundheit erhalten und die Ausbreitung von Krankheiten verhindern, z. B. die Bekämpfung von Bakterien (Tab. 1).

In Gesundheitseinrichtungen ist die Einhaltung von Hygiene besonders wichtig, da hier kranke und geschwächte Menschen auf engem Raum versorgt werden und Krankheiten sich schnell ausbreiten können.

Mitarbeiter im Pflege- und Gesundheitsbereich müssen sich im Umgang mit Patienten so verhalten, dass für diese und sie selbst keine **Infektionsgefahr** (Ansteckung) entstehen kann.

Krankheiten können über verschiedene Arten von Keimen übertragen werden. Diese gehen unterschiedliche Wege, z. B.:

- direkte Ansteckung, z. B. Anhusten 2 ,
- indirekte Ansteckung, z. B. über Staub oder Schmutz 3 .

Tab. 1: Hygiene-Richtlinien (Auswahl)	
Hygienebereiche	**Wie kann man sauber bleiben?**
Körper/Haut	Duschen, Baden, Mundpflege
Haare/Fingernägel	Haare waschen und zusammenbinden, Nägel kürzen, ohne Lack
Kleidung/Schuhe	Berufskleidung kochfest und feuchtigkeitsdurchlässig, Schuhe aus desinfizierbarem Material, rutschfest und haltgebend

Persönliche Hygiene

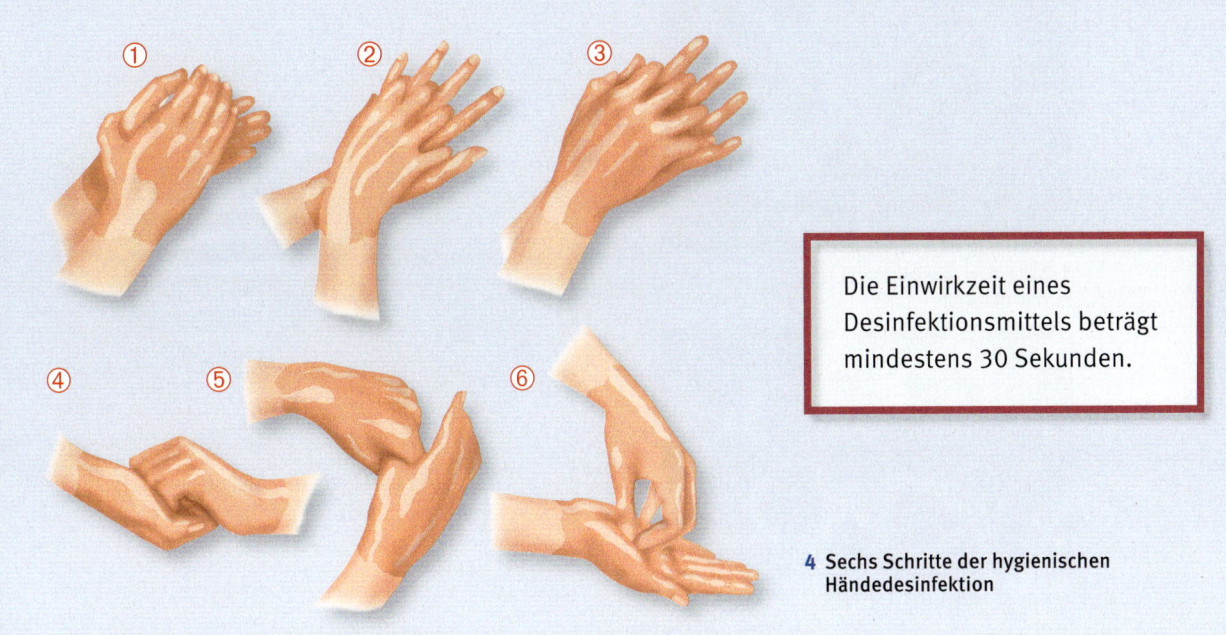

Die Einwirkzeit eines Desinfektionsmittels beträgt mindestens 30 Sekunden.

4 Sechs Schritte der hygienischen Händedesinfektion

Händedesinfektion

Mit den Händen wird gearbeitet, Geräte, Türen und Oberflächen angefasst oder Patienten begrüßt.

Die hygienische **Händedesinfektion** 4 ist die wichtigste Maßnahme zur Verhütung von Infektionen. Sie verhindert, dass Keime durch die Hände übertragen werden.

Die Hände werden immer vor und nach jedem Patientenkontakt desinfiziert. Auch nach dem Anfassen von keimbehafteten Flächen ist die Händedesinfektion notwendig. Dies gilt auch, wenn dabei Einmalhandschuhe getragen werden.

Nur bei starker Verschmutzung werden die Hände zunächst gewaschen. Seifenreste müssen entfernt und die Hände vor der Desinfektion gründlich getrocknet werden.

Die Hände sollten schonend und mit kaltem Wasser gewaschen werden.

Ablauf der Händedesinfektion

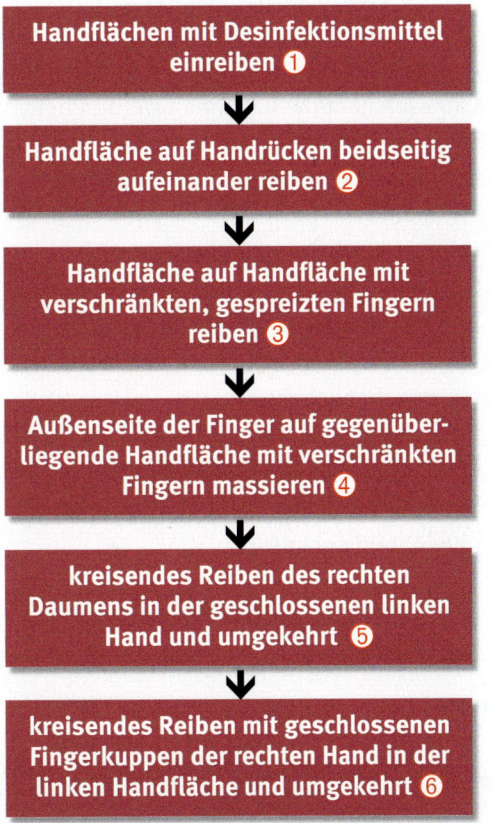

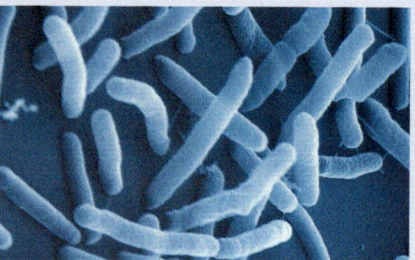

1 Bakterien, die Darmblutungen verursachen

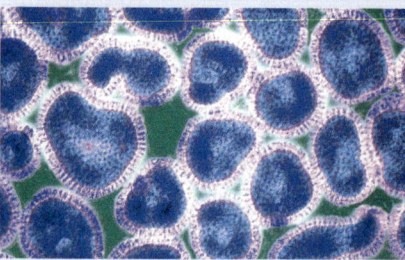

2 Grippe-Viren

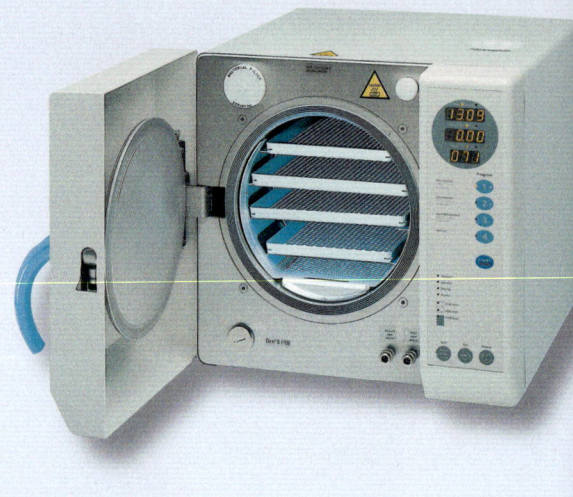

3 Sterilisator

3.2 Praxis- und Stationshygiene

In klinisch genutzten Räumen werden besondere Anforderungen an die Hygiene gestellt. Auch hier ist es notwendig, Krankheitserreger bzw. Keime wie Bakterien **1**, Viren **2** und Pilze zu reduzieren oder abzutöten.

Eine **Desinfektion** dient der Reduzierung von Keimen, sodass von diesen keine Krankheitsgefahr mehr ausgeht.

Oberflächen und Gegenstände, z. B. Ablagen, Bettgestelle, werden regelmäßig mit speziellen Mitteln desinfiziert.

Zur Desinfektion gibt es unterschiedliche Methoden, z. B.:

- Einwirkung von Hitze als strömender Dampf,
- Abwischen mit flüssigen Desinfektionslösungen.

Sterilisieren

Viele Keime können in Wunden gefährliche Infektionen hervorrufen. Deshalb müssen Instrumente sowie Verbandsmaterial für Eingriffe in den Körper absolut keimfrei sein.

Sterilisation bedeutet absolute Keimfreiheit durch die Vernichtung aller Keime.

In Sterilisationsgeräten **3** werden alle Erreger abgetötet. Dies kann durch heiße, trockene Luft oder durch heißen, unter Druck stehenden Wasserdampf geschehen.

> **AUFGABE**
>
> **1.** Recherchieren Sie im Internet. Welche Vorschriften müssen im Umgang mit Desinfektionsmitteln berücksichtigt werden? Fertigen Sie eine Liste an.
>
> **2.** Setzen Sie unter Aufsicht aus einem Konzentrat eine 3 %ige Desinfektionslösung an.

Was	Wann	Womit	Wie	Wer
Hände	mehrfach täglich	Waschlotion in Spendern	gründlich einseifen, abspülen und abtrocknen	gesamtes Personal
	bei Verschmutzung der Hände	Händedesinfektionsmittel aus Spendern	Desinfektionslösung in den Händen verreiben, 30 Sekunden einwirken lassen	Pflegepersonal
Handschuhe	bei der Umsetzung von Reinigung und Desinfektion			
	bei Handlungen, die infektionsgefährdet sind			
Flächen	bei Bedarf und jeden Abend	Flächendesinfektionsmittel	Flächen gleichmäßig benetzen, Haushaltshandschuhe anlegen	Pflege- und Reinigungspersonal
Arbeitskleidung	sammeln bis Transport zur Wäscherei	geschlossene Einwegsäcke	innerhalb der Einrichtung in verschlossenen Behältnissen	gesamtes Personal

Als Arbeitsanweisung in Kraft am: Unterschrift:

4 Hygieneplan (Auszug)

Hygieneplan

Das Gesetz schreibt vor, dass in jeder stationären Gesundheitseinrichtung ein **Hygieneplan** 4 aushängen muss.

Der Hygieneplan legt fest:

- was,
- wann,
- womit und
- von wem

gereinigt, desinfiziert oder sterilisiert werden muss.

Der Hygieneplan ist auf die Besonderheiten jeder Einrichtung abgestimmt. Er wird von der Hygienebeauftragten erstellt und regelmäßig erneuert.

Jede Mitarbeiterin ist zur Einhaltung und Umsetzung des Hygieneplans verpflichtet.

> **AUFGABE**
> Auch in einer Arztpraxis muss es einen Hygieneplan geben. Denken Sie an Ihren letzten Arztbesuch. Was könnte dort auf dem Hygieneplan stehen? Notieren Sie.

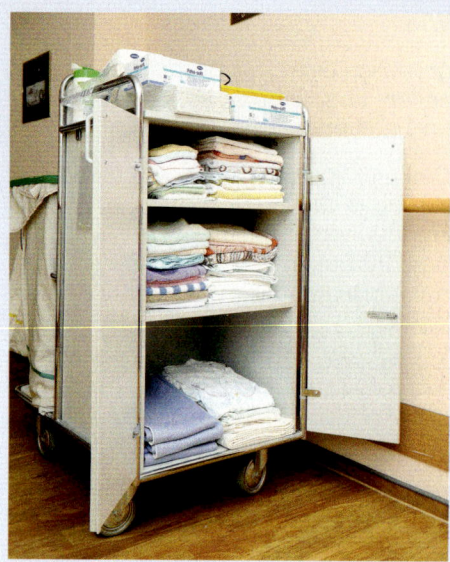
1 Geschlossener Wäschewagen

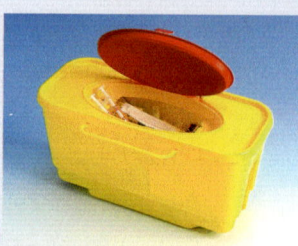
2 Spritzenabwurfbox

3 Wirtschaftshof eines Krankenhauses

Mit Wäsche umgehen

Krankheitserreger können vom Patienten auch auf die **Kleidung** bzw. **Wäsche** übertragen und vom Personal an andere weitergegeben werden.

Verschmutze Wäsche wird deshalb ohne Zwischenlagerung auf dem Boden in Wäschesäcken mit Deckel transportiert und bei 95 °C gereinigt und zugleich desinfiziert.

Saubere Wäsche muss in geschlossenen Schränken aufbewahrt werden und darf nicht in Kontakt mit Schmutzwäsche geraten.

Offene Wäschewagen dürfen nicht mit ins Patienten- oder Bewohnerzimmer genommen werden. Besser geeignet sind geschlossene Wäschewagen 1 .

> Nach jedem Kontakt mit verschmutzter bzw. keimbehafteter Wäsche werden die Hände desinfiziert.

Abfall entsorgen

In stationären Einrichtungen und Arztpraxen entsteht **Abfall**, der entsorgt werden muss. Viele Abfälle sind mit Krankheitserregern belastet, die nicht weiterverbreitet werden dürfen.

Deshalb sollten Abfälle von Personen mit ansteckenden Krankheiten oder mit Blut behaftete Abfälle

- in Behältern 2 mit Warnhinweis (Infektionsgefahr) gesammelt und entsorgt oder

- vor der Entsorgung desinfiziert werden.

Wertstoffe werden getrennt, Restmüll und Hausmüll in geschlossenen Abfalleimern 3 gesammelt und Medikamente der Apotheke zurückgegeben.

> Infektiöser Abfall und gefährliche Chemikalien werden gesammelt, gekennzeichnet und entsorgt.

Praxis- und Stationshygiene

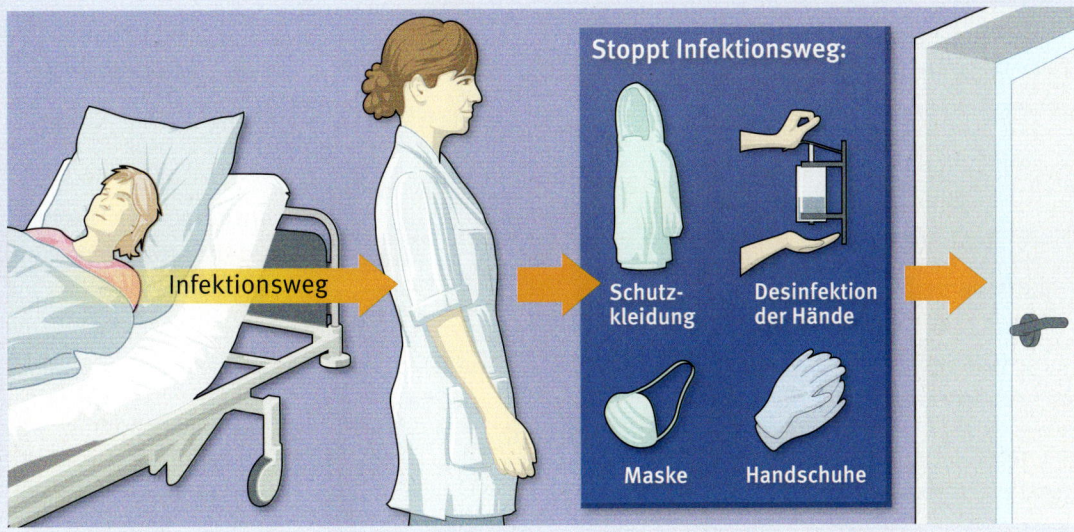

4 Infektionsweg

Schutzkleidung tragen

Eine hohe Infektionsgefahr 4 besteht, wenn z. B. in einem Altenpflegeheim eine Viruserkrankung ausgebrochen ist. Alte Menschen können sich aufgrund ihrer körperlichen Schwäche leicht anstecken.

In so einem Fall müssen die Mitarbeiter eine **Schutzkleidung** (Tab. 1) tragen, damit sie nicht sich selbst und andere gefährden.

AUFGABE

Tragen Sie für einen längeren Zeitraum einen Mundschutz.

Beschreiben Sie anschließend Ihre Erfahrung.

Die Schutzkleidung ist sofort nach Beendigung der Arbeit am Patienten zu wechseln.

Die kranken Bewohner werden in ihren Zimmern versorgt und dürfen diese nicht verlassen. An der Zimmertür hängt ein Hinweisschild.

Tab. 1: Schutzkleidung und ihre Aufgabe

Schutzkleidung		Was soll geschützt werden?
Ein- oder Mehrwegkittel		Kleidung und Körper
Maske		Mund und Nase
Kopfhaube		Kopf und Haar
Schutzbrille		Augen

1 Korrekte Lagerung von Lebensmitteln im Kühlschrank

3.3 Lebensmittelhygiene

Lebensmittel sind Stoffe, die zur Ernährung des Menschen bestimmt sind. Arzneimittel und Tabakwaren gehören nicht dazu.

Lebensmittel sind ideale Nährböden für Keime und können die Gesundheit gefährden, auch wenn der Schaden, z. B. Schimmel, äußerlich nicht zu sehen ist.

In der Pflege haben die Mitarbeiter oft Kontakt zu Lebensmitteln, z. B. beim

- Zubereiten der Mahlzeiten in der Wohnung des Patienten,
- Austeilen der Mahlzeiten in stationären Pflegeeinrichtungen,
- gemeinsamen Kochen und Backen im Wohnbereich oder auf der Station.

> Laut Gesetz müssen Maßnahmen zum Erhalt der Lebensmittelqualität durchgeführt werden.

Risiken vermindern

Bereits beim Einkauf oder Wareneingang wird darauf geachtet, dass die Lebensmittel frisch und ohne Beschädigung sind. Eine wichtige Angabe auf der Verpackung ist das **Mindesthaltbarkeitsdatum**.

Anschließend müssen die Lebensmittel vorschriftsmäßig gelagert werden, z. B. durch Kühlung 1 .

AUFGABE

Sie stellen mit Ihren Mitschülerinnen einen Rührteig her und machen daraus leckere Waffeln für den späteren Verzehr.

1. Überlegen Sie, wie Sie dabei möglichst sauber und appetitlich vorgehen können.

2. Erstellen Sie anschließend eine Liste mit den Maßnahmen, die Sie dabei umgesetzt haben.

Lebensmittelhygiene

2 Salat schleudern

3 Suppe erhitzen

Lebensmittel verarbeiten

Durch den richtigen Umgang mit Lebensmitteln lassen sich Risiken für die Gesundheit reduzieren (Tab. 1).

Leicht verderbliche Lebensmittel, z. B. Hackfleisch und Kartoffelsalat, sollten noch am gleichen Tag verzehrt werden.

Eier und Geflügel stehen für kranke und alte Menschen möglichst selten und durchgegart auf der Speisekarte. Die Zubereitung von beidem findet grundsätzlich gesondert von anderen Lebensmitteln statt.

Speisereste und Abfälle dürfen nicht länger liegen bleiben und wandern zügig und getrennt in den Müll.

Tab. 1: Richtiger Umgang mit Lebensmitteln	
Arbeitsbereich	**Wie geht es richtig? (Auswahl)**
Arbeitsmaterial behandeln	• Hände desinfizieren • Messer und Schneidebrett nach jedem Kontakt mit Fisch, Fleisch oder Geflügel heiß reinigen • Küchentücher oft wechseln
Waschen und schälen	• Obst und Gemüse mit Trinkwasser waschen • mit sauberem Tuch trocken reiben, Salat schleudern 2
Erhitzen	• gleichmäßig und ausreichend lange erhitzen (70 °C für mindestens 10 Minuten) • Fleisch während des Erhitzens wenden und Suppe rühren 3

ZUSAMMENFASSUNG

1. Persönliche Hygiene

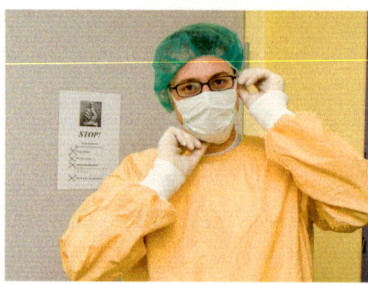

- den eigenen Körper pflegen
- saubere Kleidung tragen
- direkte und indirekte Ansteckung vermeiden
- Hände reinigen und desinfizieren

2. Praxis- und Stationshygiene

- Oberflächen und Gegenstände desinfizieren
- Instrumente und Verbandsmaterial sterilisieren
- Hygieneplan beachten
- Schmutzwäsche und Abfall fachgerecht reinigen und entsorgen
- bei hoher Infektionsgefahr Schutzkleidung tragen

3. Lebensmittelhygiene

- auf Mindesthaltbarkeitsdatum und Kühlung achten
- leicht verderbliche Lebensmittel schnell verzehren
- Reste und Abfälle schnell entsorgen
- Eier und Geflügel gesondert verarbeiten

Menschen betreuen 4

4.1 Mit Schmerzen umgehen

Wärme oder Kälte tun Körper und Seele gut.

4.2 Orientierung geben

Viele Wege führen zum Ziel.

4.3 Stress und Gewalt vorbeugen

Lieber mal kürzer treten.

4.4 Andere Länder, andere Sitten

Rücksicht nehmen und verstehen.

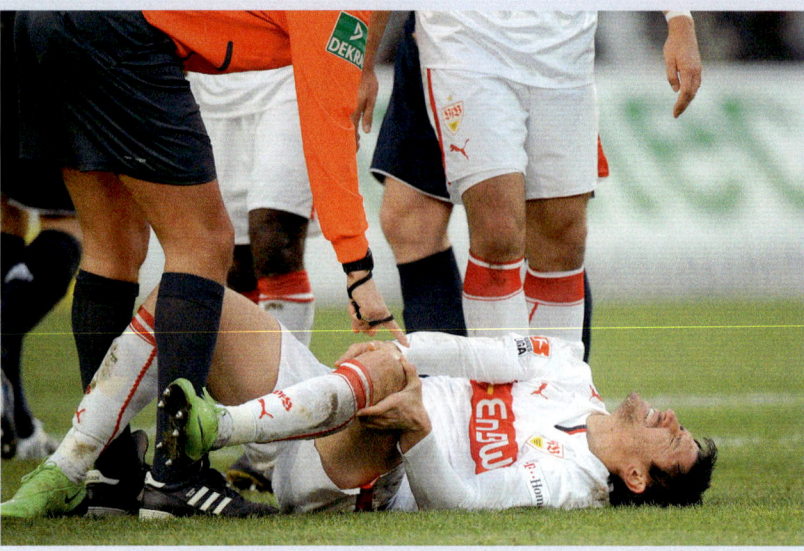

1 Fußballstar mit Schmerzen

4.1 Mit Schmerzen umgehen

„Ein Indianerherz kennt keinen Schmerz." Stimmt das wirklich? Jeder Mensch hat in seinem Leben bereits **Schmerzen** empfunden, aber fühlt er sich für jeden gleich an?

Ein kleines Kind, das gerade Laufen lernt, hinfällt und sich kaum verletzt, wird wohl anfangen zu weinen. Es möchte getröstet werden.

Ein Fußballspieler dagegen, der im Kampf um den Ball beim Spiel stürzt, wird aufstehen und weiterspielen 1 .

Jeder Mensch kann Schmerzen erleben. Sie werden jedoch von jedem anders empfunden und beschrieben. Der gleiche Schmerzreiz, z. B. eine Verletzung, kann deshalb unterschiedlich starke Reaktionen auslösen.

> Jeder Mensch empfindet und bewertet Schmerzen anders.

Schmerzen empfinden

Schmerz ist, was weh tut und sehr unangenehm ist. Er wird als negatives Gefühls- und Sinneserlebnis wahrgenommen.

Körperliche Schmerzen werden z. B. durch Verletzungen verursacht. Als solche sind sie ein Warnsignal. Jeder wird die Hand von der heißen Herdplatte ziehen, wenn der Schmerz unerträglich wird.

Die Schmerzverarbeitung läuft in mehreren Schritten ab:

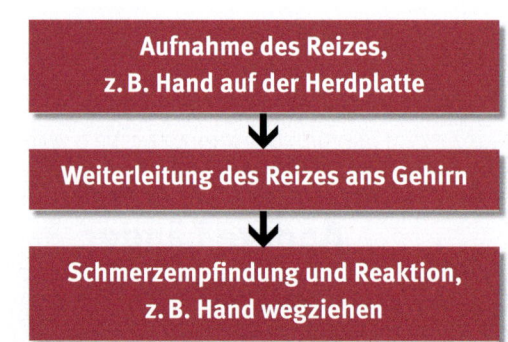

Mit Schmerzen umgehen

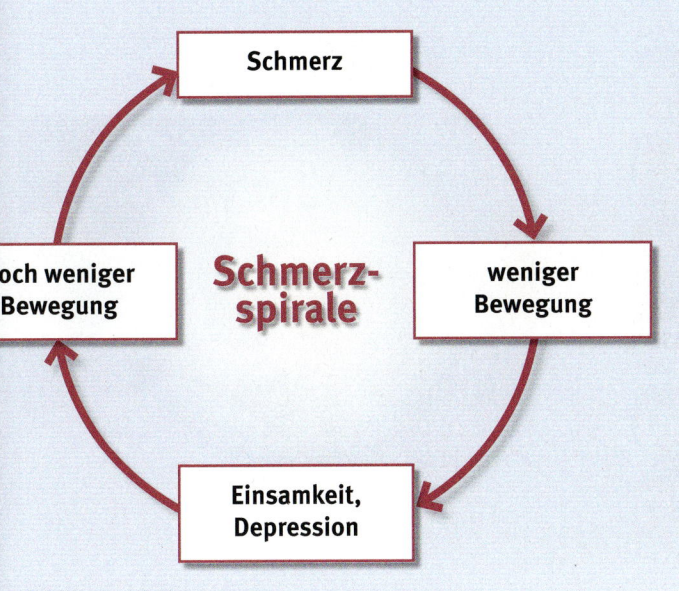

2 Schmerzspirale

3 Akuter Schmerz – dauert unter sechs Monate an

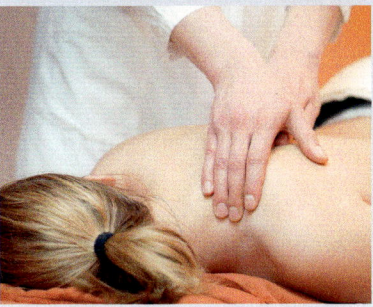

4 Chronischer Schmerz – dauert über sechs Monate an

Schmerzen erleben

Nicht selten leidet die Lebensqualität und Lebensfreude unter dem Einfluss von Schmerzen. Menschen werden z. B. depressiv, ängstlich und einsam.

Sie werden körperlich und geistig inaktiv und grenzen sich von den Menschen in ihrer Umgebung ab. Dies führt zur Verstärkung der Beschwerden und Einsamkeit 2 .

Gerade bei älteren Menschen nehmen Schmerzen aufgrund von Erkrankungen und Verschleißerscheinungen zu. Oft halten Schmerzen länger an.

Ältere Menschen sprechen selten über ihre Schmerzen. Sie sind der Meinung, dass zum Altsein Schmerzen gehören, so wie die Falten zu einem alten Gesicht.

> **Schmerzen sind keine normale Alterserscheinung. Sie müssen beachtet und behandelt werden.**

Schmerzarten

Es gibt unterschiedliche Arten von körperlichen Schmerzen. Sie können **akut** (plötzlich auftretend) 3 oder **chronisch** (ständig) 4 sein.

Schmerzen können leicht, mäßig oder stark sein. Wie stark ein Mensch Schmerzen empfindet, hängt auch von seelischen Einflüssen an, z. B. ob er

- Angst hat,
- einsam ist,
- oder eine Lebenskrise durchlebt.

Fühlt sich der Mensch in seiner Umgebung wohl, wird er Schmerzen besser bewältigen können.

AUFGABE

Überlegen Sie, was Ihnen gut tut, wenn Sie Schmerzen haben.

Notieren Sie.

Mit Schmerzen umgehen

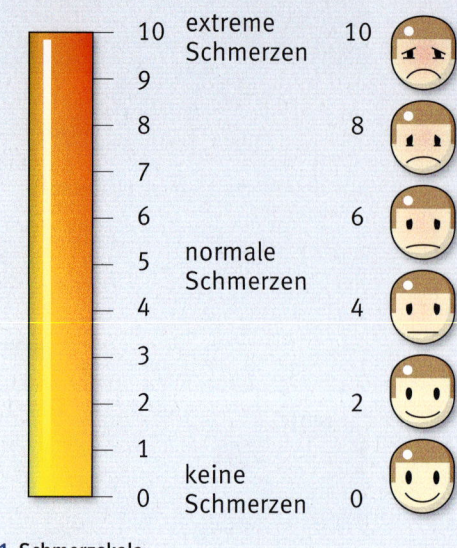

1 Schmerzskala

2 Vorsicht bei Schmerzmitteln

Schmerzen erkennen

Wenn ein Patient mit Worten äußert, dass er Schmerzen hat, kann ihm geholfen werden. Bei Patienten, deren Sprachvermögen eingeschränkt ist, gibt es auch andere Anzeichen für Schmerz.

Die Körpersprache eines Menschen kann ebenfalls Schmerzen verraten. Erkennbar sind Schmerzen z. B. an:

- der Mimik und Stimme,
- Unruhe und Schlafproblemen,
- Abwehr bei Berührung.

Schmerzen können durch den Patienten bewertet, jedoch nicht mit einem Gerät gemessen werden. Eine Schmerzskala kann dem Patienten helfen, sein Schmerzempfinden von 0 bis 10 einzuordnen 1 .

> **Schmerzäußerungen müssen unbedingt ernst genommen werden.**

Schmerzen behandeln

Das beste Mittel gegen Schmerzen ist natürlich die Beseitigung der Ursache. Dies ist jedoch nicht immer möglich.

Schmerzen können durch Medikamente 2 und nicht-medikamentöse Maßnahmen behandelt werden. Zur medikamentösen Behandlung werden **Analgetika** (Schmerzmittel) eingesetzt.

Die nicht-medikamentösen Maßnahmen werden meist ergänzend zur Einnahme von Medikamenten durchgeführt. Zu diesen gehören z. B.:

- Lagerung, z. B. bei Rückenschmerzen,
- Wärme-/Kältebehandlung,
- Entspannungsübungen.

> **AUFGABE** Lesen Sie den Beipackzettel eines rezeptfreien Schmerzmedikaments durch. Welche Regeln sind bei der Anwendung zu beachten?

Mit Schmerzen umgehen

3 Einsamkeit

4 Geselligkeit

Menschen mit Schmerzen begleiten

Bei der Begleitung von Patienten und Heimbewohnern mit Schmerzen geht es darum, den Schmerz zu lindern und die Lebensqualität zu erhalten.

Gefühle wie Angst, Traurigkeit und Einsamkeit verstärken das Schmerzempfinden. Können diese Gefühle durch einen freundlichen Umgang in der Praxis oder Pflegeeinrichtung verringert werden, geht es dem Betroffenen schon viel besser (Tab. 1).

Tab. 1: Probleme von Menschen mit Schmerz	
Problem	**Was kann getan werden?**
Angst, nicht ernst genommen zu werden	• Arzt informieren • Interesse am Befinden des Patienten zeigen • Trost und Verständnis aufbringen • auf Wünsche und Bedürfnisse des Patienten eingehen
Ausgrenzung, Einsamkeit 3	• Patienten ansprechen • nicht warten lassen • Beschäftigung vermitteln 4 • Angehörige mit einbeziehen
Angst vor stärkeren Schmerzen	• Patienten über alles informieren, was die Schmerzen lindern kann • den Patienten auffordern, nach eigenen Wegen gegen den Schmerz zu suchen

1 Situative Orientierungsstörung

4.2 Orientierung geben

Ein aus seiner Tiefschlafphase gerissener Mensch kann räumlich desorientiert sein. Er weiß nicht, wo er sich gerade befindet. Ein Urlauber kann nach einem längeren Aufenthalt am Urlaubsort ohne Kalender weder Datum noch Uhrzeit angeben.

In beiden Fällen werden die Personen ihre Orientierung schnell wiederfinden. Orientierung bedeutet, dass ein Mensch sich in seiner Umwelt zurechtfindet und seine gegenwärtige Situation einschätzen kann.

Der Verlust von Teilen oder der gesamten Orientierung wird als **Desorientierung** bezeichnet. Sie kann über einen begrenzten Zeitraum vorhanden sein oder über Jahre fortschreiten.

Orientierungsstörungen können in verschiedenen Bereichen (Tab. 1) auftreten und bleiben bei geringer Ausprägung häufig unbemerkt.

Ursachen von Desorientierung sind z. B.

- Flüssigkeitsmangel,
- Erkrankungen des Gehirns,
- einschneidende Lebensereignisse.

Das Risiko, dauerhaft desorientiert zu sein, steigt mit zunehmendem Alter. In der Altenpflege gehen die Mitarbeiter häufiger mit desorientierten Menschen um.

Tab. 1: Orientierungsstörungen

Bereich	Auswirkungen
zeitlich	Datum vergessen, Jahreszeiten verwechseln
örtlich	nicht wissen, an welchem Ort man sich befindet
situativ 1	Situation, in der man sich befindet, falsch auslegen

Orientierung geben

2 Zettel gegen das Vergessen

3 Patient in Pflegeeinrichtung

Desorientierung erkennen

Desorientierung zu erkennen, ist schwierig. Nicht jede Vergesslichkeit ist ein Alarmsignal. Auffällige Verhaltensweisen können auch andere Ursachen haben, z. B. Schwerhörigkeit.

Nicht selten versuchen Betroffene, ihre Desorientierung zu verbergen, indem sie:

- Merkzettelchen schreiben 2,
- gereizt reagieren, wenn sie auf ihr Problem angesprochen werden,
- Schwierigkeiten verharmlosen.

Treten bei den Patienten noch weitere Störungen auf, z. B. Gedächtnis- oder Wahrnehmungsstörungen, handelt es sich um eine **Demenzerkrankung**. Die Patienten sind oft unruhig und gehen viel in der Einrichtung umher 3 .

> Bevor eine Desorientierung festgestellt wird, muss der Patient genau beobachtet werden.

AUFGABE

Eine Bewohnerin eines Pflegeheims möchte in einer Winternacht das Haus verlassen, um das Grab ihres verstorbenen Mannes zu besuchen. Sie weiß offensichtlich nicht, dass es Nacht ist.

1. Überlegen Sie, wie Sie die Bewohnerin von ihrem Plan abbringen können.

2. Spielen Sie die Szene mit einer Mitschülerin in einem Rollenspiel nach.

Für die Betroffenen ist eine Desorientierung eine große seelische Belastung. Sie müssen sich von vielen Gewohnheiten verabschieden und ihr Leben umstellen.

Wichtig ist es, eine möglichst vertraute Beziehung zu dem Betroffenen aufzubauen. Regeln machen den Umgang mit ihnen leichter:

- einfache Sätze verwenden,
- den Patienten nicht überfordern,
- Streit vermeiden.

Orientierung geben

1 Namensschild einer Mitarbeiterin

2 Markierungen für Desorientierte

Menschen mit Desorientierung begleiten

Wenn Menschen ihre Orientierung oder ihr Gedächtnis verlieren, fühlen sie sich sehr unsicher. Sie benötigen feste Gewohnheiten und Rituale, um den Alltag mit all seinen Anforderungen bewältigen zu können.

Mitarbeiter, die desorientierte oder an einer Demenz erkrankte Menschen betreuen, sollten einen geregelten Tagesablauf organisieren und konsequent einhalten:

> mit immer gleichen Handlungen, z. B. Spaziergang
>
> ↓
>
> zu immer gleichen Zeiten, z. B. nach dem Mittag
>
> ↓
>
> an immer den gleichen Orten, z. B. zum nahe gelegenen See.

Zur Aktivierung der geistigen Leistungsfähigkeit kann in der Frühphase einer Desorientierung das **Realitäts-Orientierungs-Training** (ROT) eingesetzt werden.

Mit ROT werden z. B.

- viele Uhren und Kalender ausgehängt,
- Orte, Namen und Zeitangaben oft wiederholt,
- Namensschilder getragen ,
- Wege, z. B. zum eigenen Zimmer, markiert .

Diese Maßnahmen helfen den Patienten, sich zurechtzufinden und selbstständig zu bewegen. So können sie einen Bezug zur Wirklichkeit so lange wie möglich erhalten.

Dabei darf jedoch kein Leistungsdruck entstehen. Der Kontakt zum Patienten bleibt immer wertschätzend und einfühlsam.

> **Desorientierte Menschen brauchen Sicherheit und Akzeptanz.**

Orientierung geben

3 Kiste für die 10-Minuten-Aktivierung

Aktivieren und beschäftigen

Die **10-Minuten-Aktivierung** ist ein Angebot, um das Gedächtnis und die Wahrnehmung von desorientierten Menschen anzuregen.

Auch wenn desorientierte Menschen vergessen, an welchem Ort sie sich wann oder wo befinden: Sie können sich an länger Zurückliegendes, z. B. die Kindheit, recht gut erinnern.

Bei der 10-Minuten-Aktivierung werden die Patienten gebeten, Gegenstände aus einer Box **3** zu nehmen. Diese müssen zu einem Lebensthema, wie z. B. „Schule", passen. Das könnte ein Lineal oder ein Heft sein.

Das Betrachten und Befühlen dieser Gegenstände regt die Patienten zum Erinnern und zum Sprechen an.

Längst vergessene Ereignisse werden wieder wach. Das Sprechen darüber schafft Freude und Zufriedenheit.

Auch die Wahrnehmung von Gerüchen spielt eine Rolle. Längst verschüttete Gefühle, Situationen und Bilder werden wieder in das Denken zurückgeholt.

Aktivierungen können täglich, aber nicht länger als 10 Minuten durchgeführt werden.

> **AUFGABE**
>
> Die 10-Minuten-Aktivierung arbeitet mit Sammlungen von Gegenständen zu unterschiedlichen Themen. Themen könnten z. B. sein:
> - Kinderspiele,
> - Weihnachtsschmuck,
> - Einkaufen,
> - alte Haushalts- oder Handwerksgegenstände.
>
> Überlegen Sie, welche Gegenstände zum jeweiligen Thema der Sammlung gehören könnten. Machen Sie für jedes Thema eine Liste.

| **Leistungsphase** |
| Stress wird positiv erlebt. Der Mensch entwickelt Kraft und Motivation. |
| ↓ |
| **Anpassungsphase** |
| Der Mensch bewältigt seine Arbeit. Die Kraftreserven werden verbraucht. |
| ↓ |
| **Erschöpfungsphase** |
| Stress wird negativ erlebt. Der Mensch wird krank. |

1 Stressphasen

2 Dienstplan

4.3 Stress und Gewalt vorbeugen

Stress erkennen

„Ich bin total gestresst!" Diese Gedanken verbinden die meisten Menschen mit viel Arbeit oder Hektik und weniger mit guten Gefühlen.

Dabei ist **Stress** eine ganz natürliche Reaktion des Körpers auf Belastungen oder Gefahr. Das Gehirn schaltet auf Höchstleistungen um .

Stress kann für den Menschen auch positiv (gut) sein, z. B. kann er Kräfte mobilisieren, um ein wichtiges persönliches Ziel zu erreichen.

Dauerstress dagegen macht krank. Er wird durch negative (schlechte) Situationen, z. B. Angst und Überforderung, ausgelöst und endet häufig in Müdigkeit und Lustlosigkeit.

> Stress kann Glücksgefühle auslösen, aber auf Dauer krank machen.

Im Berufsfeld Gesundheit und Pflege lassen sich Stresssituationen nicht vermeiden. Sie können z. B. entstehen durch

- Heben und Tragen schwerer Bewohner,
- Arbeitsvorgänge, die gleichzeitig erledigt werden müssen,
- fehlendes Lob und Anerkennung,
- unregelmäßige Schichtdienst- und Schlafzeiten .

Wird der Stress negativ erlebt, gibt es erkennbare Anzeichen, z. B.

- Nervosität und Gereiztheit,
- „der Kopf ist leer",
- Atembeschwerden.

Auch Patienten und Bewohner können negativen Stress erleben, z. B. durch

- Bewältigung von Krankheit und Abhängigkeit,
- Angst vor der Zukunft,
- lange Wartezeiten.

Stress und Gewalt vorbeugen

3 Gespräch mit der Vorgesetzten

4 Sportliche Aktivität

5 Stressmotoren

Stress bewältigen

Stress und seine Folgen für die Gesundheit sind kein Schicksal, aus dem es kein Entrinnen gibt. Man kann etwas dagegen tun.

Eine Möglichkeit ist z. B., den Stress als Herausforderung anzusehen (Tab. 1). Dazu ist eine positive Veränderung der Einstellung oder Meinung zur Arbeit notwendig.

Werden die Aufgaben zu viel oder sind sie schlecht organisiert, ist ein Gespräch mit den Kolleginnen oder Vorgesetzten hilfreich 3 .

Patienten und Bewohnern hilft es, wenn ihre Gedanken auf positive Ereignisse gelenkt werden, z. B. dass die Kinder sie besucht haben oder die Erkrankung einen guten Verlauf genommen hat.

Mit Bewegung und Sport 4 können Stress und angestaute Energien besser abgebaut werden als mit Alkohol und Zigaretten 5 . Auch Freundschaften geben Halt.

Weitere „Tricks" zum Umgang mit Stress:

- nicht alles alleine machen,
- auch mal „nein" sagen,
- einen Schritt nach dem anderen machen.

Tab. 1: Erleben von Stress als ...	
negativ	**positiv**
Bedrohung	Ermutigung
Belastung	Pflicht
Problem	Herausforderung
Leistungsdruck	Anerkennung

AUFGABE

Beschreiben Sie Situationen, in denen Sie Stress erlebt haben.

Wie wollen Sie in Zukunft damit umgehen. Machen Sie eine Liste.

1 Notklingel

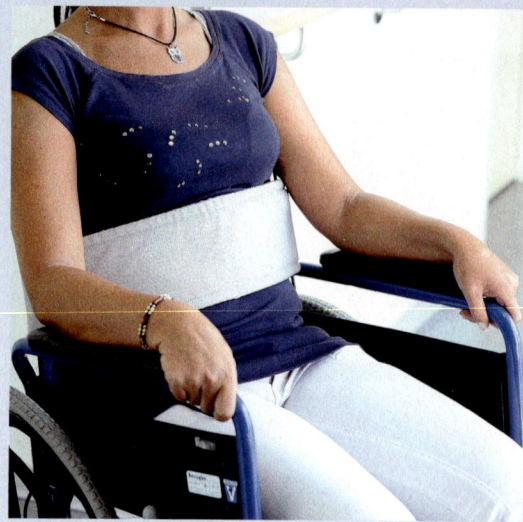
2 Bauchgurt

Gewalt erkennen

An einem Ort, an dem viele Menschen im engen Kontakt zusammenleben und -arbeiten, gibt es auch mal Streit.

Das ist etwas ganz Normales, solange dieser Streit zu einer Lösung für alle Beteiligten führt und die persönlichen Grenzen des anderen respektiert werden.

Wird jedoch der Körper oder die Seele eines Menschen unmittelbar verletzt, kann man von **Gewalt** sprechen (Tab. 1).

Gewalt kann sich gegen die Mitarbeiter im Pflege- und Gesundheitswesen oder gegen die Patienten richten. Ursachen sind häufig Stress und die Angst vor dauerhafter Abhängigkeit aufseiten der Patienten. Gegen beides können die Mitarbeiter etwas tun.

Tab. 1: Beispiele von aggressivem oder gewalttätigem Verhalten	
Verhalten des Patienten	**Verhalten der Mitarbeiterin**
zu häufiges Einfordern von Hilfeleistungen, z. B. mit der Notklingel 1	warten lassen
Hilfeleistungen der Mitarbeiter erschweren, z. B. sich steif machen	in der Freiheit einschränken, z. B. Bauchgurt im Rollstuhl 2
Verweigerung, z. B. der Nahrungsaufnahme	nicht mit den Patienten sprechen
wegschubsen oder schlagen	grobes Anfassen

3 Gewaltsituation mit Zuschauern

Gewalt und Aggression vermeiden

Gewalt kann dort entstehen, wo Menschen wegschauen, sich nicht zuständig fühlen nach dem Motto: „Bloß nicht einmischen." 3

Manchmal sind sich Menschen auch nicht darüber im Klaren, dass sie Gewalt ausüben. Sie glauben, dass das, war sie tun, in Ordnung ist.

Wichtig ist deshalb, sich zu fragen: „Ist das, was ich da eben gemacht, selbst erfahren oder bei den anderen gesehen habe, noch o.k.?" Wenn nicht, muss gehandelt werden, z. B.

- mit Kollegen über den Konflikt, der zur Gewalt geführt hat, sprechen,
- gemeinsam nach Ursachen für den Konflikt suchen,
- wenn möglich, die Ursachen für den Konflikt beseitigen.

▌ **Gewalt kann nur verhindert werden, wenn man darüber spricht.**

AUFGABE

Die Pflegeheimbewohnerin Frau Meiser verlässt nachts oft ihr Zimmer und irrt auf den Fluren herum.

Pflegerin Anna gerät unter Druck. Sie muss Frau Meiser ständig in ihr Zimmer zurückbringen und sich gleichzeitig um die anderen Bewohner kümmern. Dann reicht es ihr.

Nachdem Frau Meiser wieder in ihrem Bett liegt, macht Anna das Bettgitter hoch, damit Frau Meiser das Bett nicht verlassen kann. Anna fühlt sich nicht gut dabei.

1. Wie hätte Anna das Problem anders lösen können? Diskutieren Sie in der Gruppe.

2. Was sind „freiheitsentziehende Maßnahmen"? Welche Informationen dazu sind wichtig? Recherchieren Sie im Internet und notieren Sie.

1 Migrantin in der Pflege

2 Verständigungshilfen

4.4 Andere Länder, andere Sitten

Die junge Portugiesin Moniz Santos ist vor zwei Monaten nach Deutschland gekommen. Das Au-pair-Mädchen leidet unter starken Bauchschmerzen.

Sie will sich in der Praxis von Dr. Brehm untersuchen lassen. Bei der Anmeldung zittert ihre Stimme ein wenig, sie ist unsicher und hat Angst. Dabei spricht sie in gebrochenem Deutsch.

Die Medizinische Fachangestellte Florinda bittet Moniz, im Wartezimmer Platz zu nehmen. Sie zeigt auf die gegenüberliegende Tür.

Viele Mitarbeiter im Pflege- und Gesundheitswesen 1 und Patienten haben einen sogenannten **Migrationshintergrund**. Das bedeutet, dass sie oder ihre Vorfahren aus unterschiedlichen Ländern zugewandert sind.

Im Zusammenleben und -arbeiten gibt es manchmal Missverständnisse, z. B. aufgrund unterschiedlicher Sprachen 2, Verhaltensweisen oder Gewohnheiten.

Für einen respektvollen Umgang miteinander ist es wichtig, möglichst viel über die Gebräuche von Menschen aus anderen Ländern zu wissen. Dadurch kann gegenseitiges Verständnis entwickelt werden.

AUFGABE

1. Versetzen Sie sich in die Lage von Moniz. Warum empfindet sie Angst und Unsicherheit? Notieren Sie mögliche Gründe.

AUFGABE

2. Um Moniz besser kennen zu lernen, wollen Sie ihr Fragen stellen. Erstellen Sie einen Fragebogen.

3. Begründen Sie die Auswahl Ihrer Fragen.

Andere Länder, andere Sitten

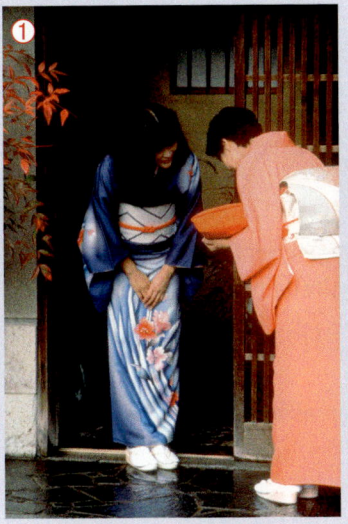

3 Verschiedene Begrüßungsrituale

In der türkischen Kultur z. B. zeugt das Senken der Augen im Gespräch mit einem Älteren von Respekt und Achtung. In Deutschland bedeutet diese Geste eher Respektlosigkeit.

Der Besuch der Großfamilie am Krankenbett bietet dem Patienten Rückhalt und Ablenkung von der Krankheit. In Deutschland erhält ein Patient meist weniger Besuch, weil man glaubt, dass dieser eher Ruhe für seine Genesung brauche.

Es gibt viele Möglichkeiten, die Gewohnheiten und Sichtweisen von Menschen aus anderen Ländern kennenzulernen. Die beste davon ist einfach nachzufragen und offen auf die anderen zuzugehen.

Menschen sind unterschiedlich. Auch wenn sie einer gemeinsamen Kultur angehören, haben sie individuelle Verhaltensweisen und Bedürfnisse.

■ **Mit Offenheit und Neugierde haben**
■ **Vorurteile keine Chance.**

Der offene und tolerante Umgang mit diesen Gewohnheiten wird **interkulturelle Kompetenz** (Fähigkeit) genannt. Diese Fähigkeit bedeutet:

> die eigene Lebensweise kennen
>
> ↓
>
> sich für die Lebensweise anderer interessieren
>
> ↓
>
> sich in andere hineinversetzen und Verständnis entwickeln können

AUFGABE

1. Ordnen Sie die drei Begrüßungsrituale 3 verschiedenen Ländern oder Kulturen zu.

2. Sprechen Sie mit Menschen, die aus anderen Ländern zugewandert sind, wie in deren Heimatländern mit alten und kranken Menschen umgegangen wird.

ZUSAMMENFASSUNG

1. Mit Schmerzen umgehen

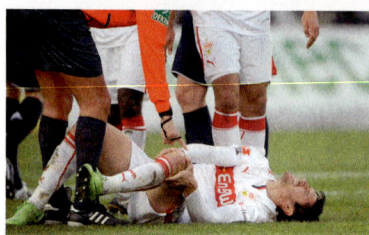

- Schmerzäußerungen der Patienten beachten und weiterleiten
- mit Patienten über ihre Schmerzen sprechen
- Schmerzen angemessen behandeln

2. Orientierung geben

- zeitliche, örtliche oder situative Orientierungsstörungen unterscheiden
- Orientierung geben
- Beschäftigen mit der 10-Minuten-Aktivierung

3. Stress und Gewalt vorbeugen

- Stress erkennen und bewältigen
- Überforderung vermeiden
- Bewegung und soziale Kontakte
- Ursachen von Gewalt beseitigen

4. Andere Länder, andere Sitten

- die eigenen Gewohnheiten kennen
- Interesse an anderen Menschen zeigen
- Missverständnisse erkennen und vermeiden

Menschen pflegen 5

5.1
Sich kleiden und waschen

Kleider machen Leute.

5.2
Essen und trinken

Ja, aber bitte nur ein Stückchen.

5.3
Sich bewegen

Jeder so viel er kann.

5.4
Projektaufgaben

Jetzt sind Sie dran.

1 Gepflegte Frau

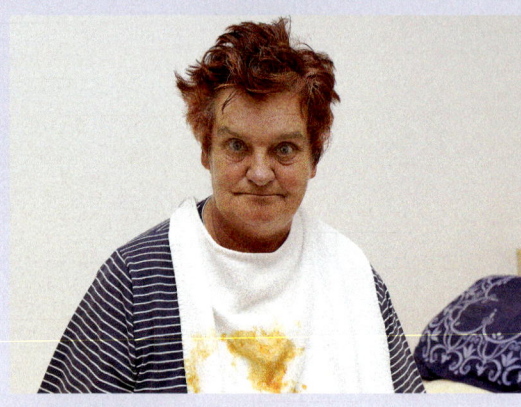

2 Ungepflegte Frau

AUFGABE

Beschreiben Sie die gepflegte 1 und die ungepflegte 2 Frau und vergleichen Sie. Auf welchem Bild wirkt die Frau sympathischer? Begründen Sie.

5.1 Sich kleiden und waschen

„Heute sehen Sie richtig gut aus." Jeder würde sich über so ein Kompliment freuen. Das äußere Erscheinungsbild sagt viel aus über die innere Einstellung eines Menschen. Sieht er gut aus, geht es ihm meistens auch gut.

Sauber und gepflegt zu sein, sind wichtige Grundbedürfnisse eines Menschen. Dazu gehören eine gepflegte Haut, frisierte Haare und Kleidung, in der er sich wohl fühlt.

Wenn Menschen sich z. B. aufgrund eingeschränkter oder fehlender Beweglichkeit nicht mehr selbst kleiden und waschen können, sind sie auf die behutsame Unterstützung der Pflegenden angewiesen.

> **Bei der Körperpflege ist es wichtig, den Patienten oder Bewohner so viel wie möglich selbst machen zu lassen.**

Sich kleiden

Kleidung schützt den Körper vor Kälte, Hitze, Sonneneinstrahlung und Nässe. Bei der Auswahl der Kleidung wird deshalb auf das Wetter geachtet.

Kleider machen Leute. An der Kleidung ist oft zu erkennen, zu welcher sozialen Gruppe, z. B. Berufsgruppe, ein Mensch gehört oder früher gehört hat.

Ein Mann, der in seinem Beruf handwerklich tätig ist oder war, bevorzugt praktische und bequeme Kleidung. Frauen der älteren Generation sind es gewohnt, Kleider und Röcke zu tragen.

Menschen möchten auch im Alter ihre Kleidungsgewohnheiten nicht aufgeben.

> **Die Entscheidung über die Auswahl der Kleidung liegt so weit wie möglich bei den Patienten und Bewohnern.**

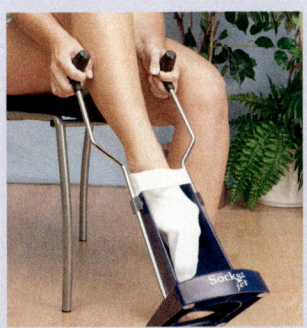

3 Strumpfanzieher

4 Klettverschluss

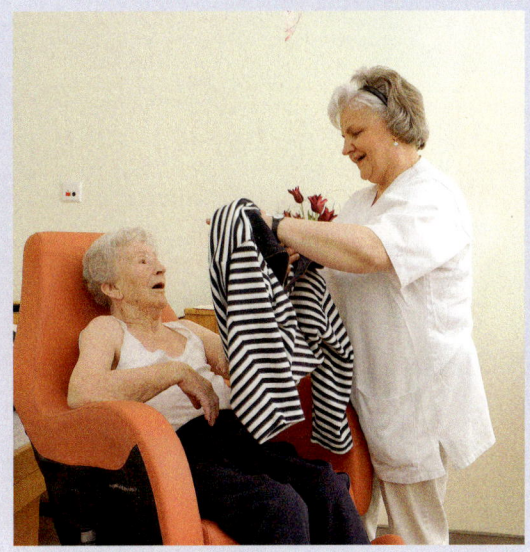

5 Ankleiden über den Kopf

Beim An- und Auskleiden helfen

Damit körperlich beeinträchtigte Menschen sich möglichst selbstständig kleiden können, stehen zahlreiche Hilfsmittel zur Verfügung, z. B.:

- Knöpfhilfe,
- Strumpfanzieher 3 ,
- Schnürhilfen.

Auch Klettverschlüsse 4 oder weit geschnittene Ärmel können das An- und Auskleiden erleichtern. Die Patienten werden im Umgang mit Hilfsmitteln von den Pflegenden angeleitet.

Pflegende achten darauf, dass die Kleidung keine Falten wirft, damit auf der Haut der Patienten keine Druckstellen entstehen.

Die Einhaltung folgender Regeln ist für die Unterstützung beim **An- und Auskleiden** wichtig:

- Oberbekleidung zuerst über den Kopf an- und zuletzt über den Kopf auszuziehen 5 ,

- beim Ankleiden mit der beeinträchtigten und beim Auskleiden mit der nicht beeinträchtigten Körperseite beginnen,

- die beeinträchtigte Körperseite möglichst normal „mitführen", sofern sie beweglich ist.

AUFGABE

1. Knöpfen Sie eine Bluse mit einer Knöpfhilfe zu. Sprechen Sie über Ihre Erfahrungen dabei.

AUFGABE

2. Versteifen Sie sich einen Arm, z. B. indem Sie eine Latte an Ihrem Ellbogen mit einer Binde festwickeln. Versuchen Sie nun, sich alleine Ihre Jacke an- und auszuziehen.

Welche Schwierigkeiten sind dabei entstanden?

1 Waschen

2 Duschen

3 Baden

Sich pflegen

Die **Körperpflege** (Tab. 1) ist die umfangreichste und am häufigsten durchgeführte Pflegearbeit.

Der zu pflegende Mensch ist dabei häufig nackt und auf die Behutsamkeit und Rücksichtnahme der Pflegenden angewiesen.

Es gibt viele Gründe, warum Menschen ihren Körper nicht mehr selbstständig pflegen können, z. B.:

- eingeschränkte Beweglichkeit,
- verminderte Sehfähigkeit,
- Harn- und Stuhlinkontinenz. Der Betroffene kann Harndrang und Stuhlgang nicht mehr kontrollieren.

Tab. 1: Was gehört zur Körperpflege?

Ziele der Körperpflege	Was muss getan werden?
Hygiene	• Körper durch Waschen 1, Duschen 2 oder Baden 3 reinigen • Augen und Ohren, Mund und Zähne pflegen • Haar und Bart, Nägel pflegen
Gesundheit	• Haut beobachten und pflegen • Hautveränderungen erkennen • Mobilisieren, das bedeutet, den Patienten zur Eigenbewegung und Selbstständigkeit anleiten
Wohlbefinden	• Schamgefühle und Ängste beachten • Gewohnheiten respektieren • den Patienten informieren

Sich kleiden und waschen

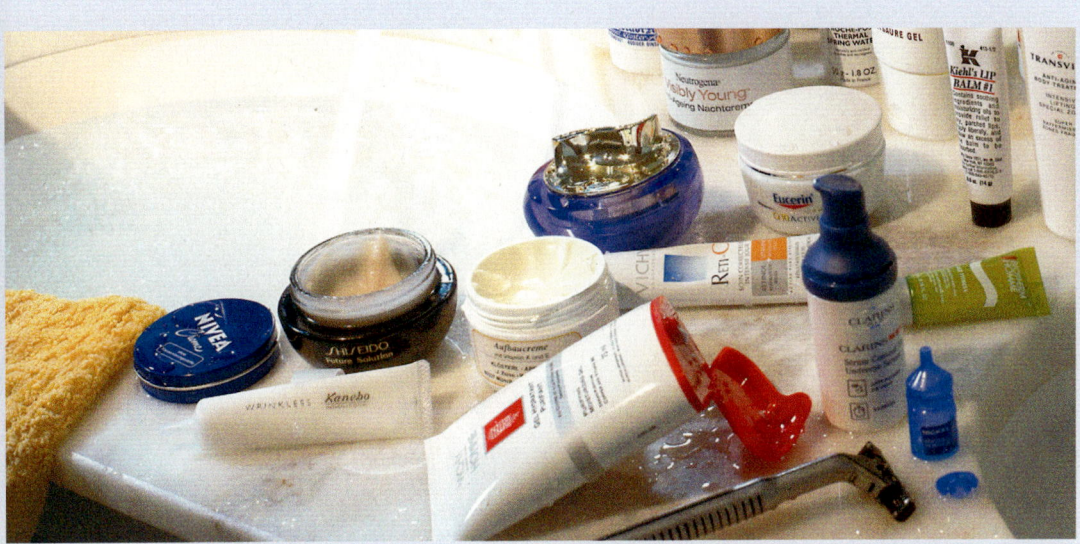

4 Pflegemittel

Pflegematerialien auswählen

Für jede Pflegearbeit muss zunächst das nötige Material bereitgestellt werden, damit die Arbeit nicht unterbrochen werden muss.

Wichtig sind Reinigungs- und **Pflegemittel** 4. Die dazu verwendeten Produkte wählt der Betroffene nach seinen Vorlieben und Gewohnheiten aus.

Damit beim Waschen die Haut nicht austrocknet, sollten pH-neutrale Waschsubstanzen benutzt werden. Diese entsprechen dem ph-Wert der Haut.

Hautcremes werden je nach der Hautbeschaffenheit ausgewählt. Da alte Menschen z. B. oft eine trockene Haut haben, sollten Lotionen verwendet werden, in denen wenig Wasser in viel Öl verrührt ist.

> **Bei vom Arzt verschriebenen Wasch- und Pflegemitteln muss der Beipackzettel beachtet werden.**

Eine komplette Körperpflege setzt sich aus mehreren Teilen zusammen, z. B.:

- Haarpflege,
- Augen-, Nasen-, Ohrenpflege,
- Ober-, Unterkörperpflege,
- Intimpflege,
- Hand-, Fußpflege.

Das für Teilpflegen benötigte Material hängt auch davon ab, wo die Patientin gepflegt werden muss, also im Bett, am Waschbecken oder in der Dusche.

> **AUFGABE**
>
> Überlegen Sie, welche Materialien Sie für die folgenden Teilpflegen benötigen:
> - Oberkörperpflege am Waschbecken,
> - Haarpflege im Bett,
> - Duschen.
>
> Fertigen Sie dazu eine Collage oder ein Plakat an.

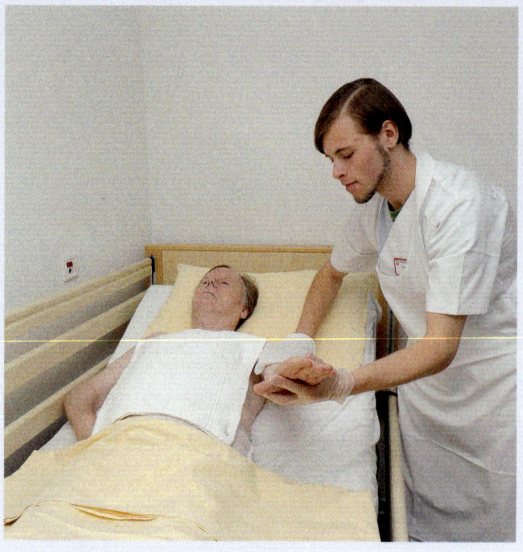
1 Ganzkörperwaschung im Bett

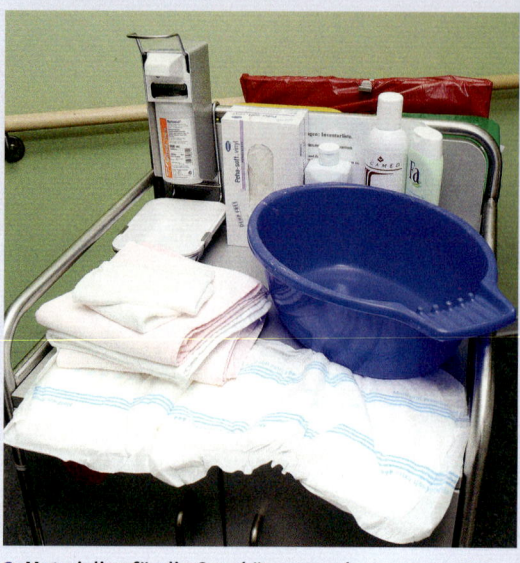
2 Materialien für die Ganzkörperwaschung

Menschen im Bett waschen

Es gibt Menschen, die so geschwächt oder krank sind, dass alle Teilwäschen im Bett vorgenommen werden müssen. Diese Pflegemaßnahme heißt **Ganzkörperwaschung** im Bett 1 .

Alle benötigten Materialien werden auf einem Rollwagen bereitgelegt 2 . Dazu gehören z. B.

- zwei Waschschüsseln (eine für klares Wasser und eine für Wasser mit Waschzusatz),
- mind. zwei Waschlappen und Handtücher,
- Cremes und Deospray.

Wichtig für den Patienten sind eine angenehme Raumtemperatur und ein Sichtschutz gegenüber anderen Bewohnern und Patienten.

> Zur Wahrung der Intimsphäre bleibt der Patient bedeckt, bis auf den Bereich, der gerade gewaschen wird.

Die Ganzkörperwaschung ist eine gute Gelegenheit, die Patienten zu mobilisieren, ihnen Körperkontakt zu geben und ihre Haut zu beobachten.

Auffälligkeiten der Haut sind z. B.

- Rötungen oder weiße Stellen,
- Schwellungen oder Blutungen,
- Juckreiz.

Gibt es Auffälligkeiten oder Veränderungen an der Haut, muss sofort die zuständige Pflegefachkraft oder der Arzt informiert werden.

Zur Einhaltung der Hygiene wird bei der Ganzkörperwaschung eine Reihenfolge 3 eingehalten. Hat die Patientin jedoch andere Gewohnheiten oder Wünsche, haben diese immer Vorrang.

> Pflegende sollten während der Körperpflege mit den bettlägerigen Patienten sprechen.

Sich kleiden und waschen

| Hände desinfizieren und das Bett auf Arbeitshöhe stellen, statt Kopfkissen ein Handtuch unter den Kopf legen | → | Gesicht, Ohren und Hals mit klarem Wasser waschen und abtrocknen. Augen von außen nach innen wischen (❶) |

↓

Hände, Arme und Achselhöhlen erst mit „Seifenwasser", dann mit klarem Wasser waschen und sorgfältig abtrocknen (❷ und ❸)

↓

Oberkörpervorderseite wie bei den Armen waschen und abtrocknen (❹)

↓

Patienten aufsetzen oder zur Seite drehen (dazu Kopfteil flach stellen) und den Rücken waschen (❺)

↓

erst Beine, dann Füße waschen und abtrocknen (❻ und ❼)

↓

zur Intimpflege das Waschwasser (ohne Zusatz) und die Waschlappen/Handtücher wechseln und Einmalhandschuhe anziehen (❽ und ❾)

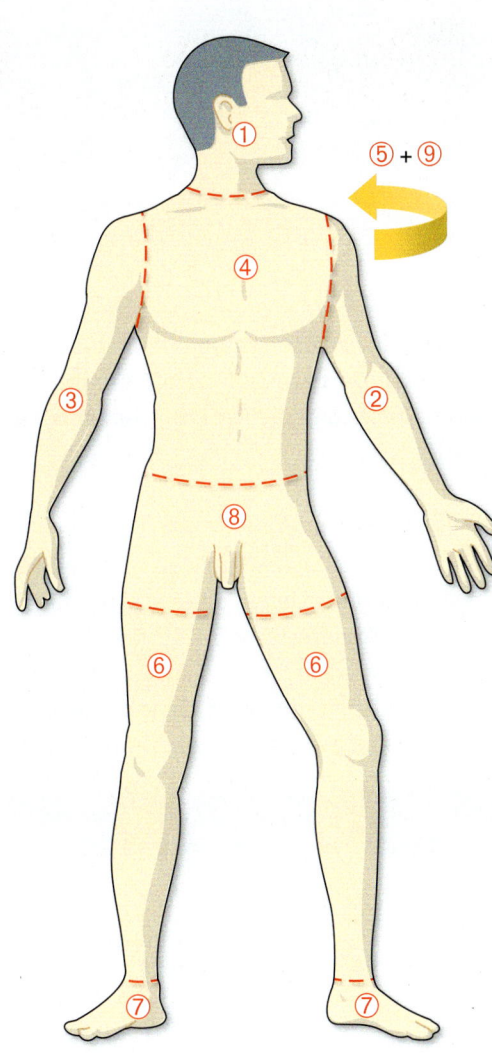

3 Reihenfolge bei der Ganzkörperwaschung

1 Haltegriffe

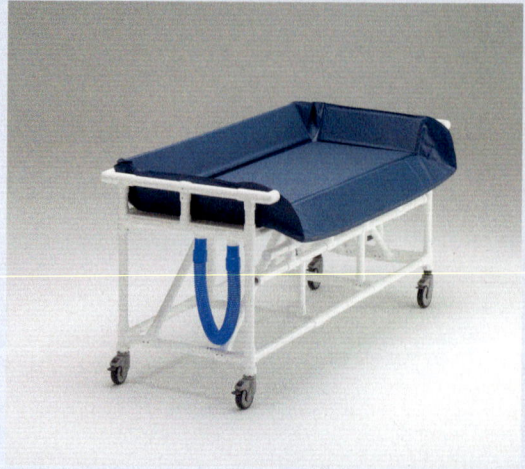

2 Duschliege

Duschen

Viele Menschen duschen gerne am Morgen. Sie fühlen sich erfrischter und sauberer als nach einer Wäsche im Bett oder am Waschbecken.

Vor dem **Duschen** wird dem Patienten beim Auskleiden geholfen. Er wird begleitet, bis er in der Dusche ausreichend Halt gefunden hat. Damit er nicht stürzt, gibt es bauliche Hilfsmittel (Tab. 1).

Die richtige Wassertemperatur testet die Pflegende an der eigenen Unterarminnenseite. Dann fühlt die Patientin selbst mit der Hand.

Die Patienten oder Bewohner werden von oben nach unten abgeduscht, bis alle Seifenreste gründlich abgespült sind. Anschließend erfolgt die Haarwäsche.

Im Badezimmer darf nicht geföhnt werden. Es besteht die Gefahr von Stromunfällen.

Tab. 1: Hilfsmittel beim Duschen

Beeinträchtigung	Was hilft?
Patientin kann nicht mehr oder nur sehr unsicher stehen.	fahrbarer oder fest montierter Duschstuhl mit offener Sitzfläche zur Intimpflege
Patientin steht unsicher.	rutschfester Bodenbelag in der gesamten Dusche
Patientin kann sich ohne Stützung nicht mehr bücken und beugen.	fest montierte, rutschfeste Haltegriffe 1
Patientin ist bettlägerig.	Duschliege 2

Sich kleiden und waschen

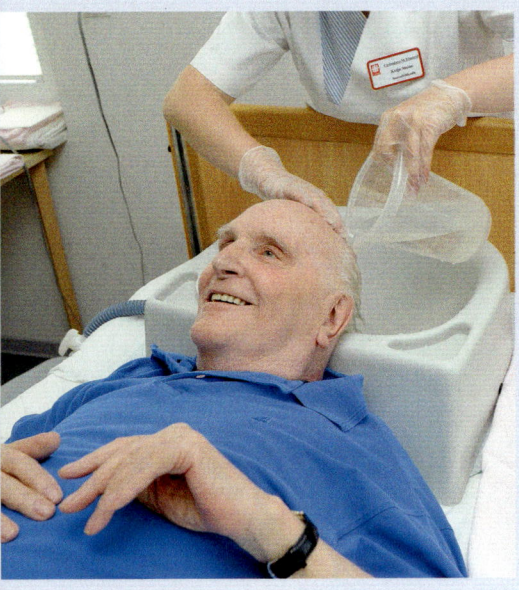

3 Haarwäsche im Bett

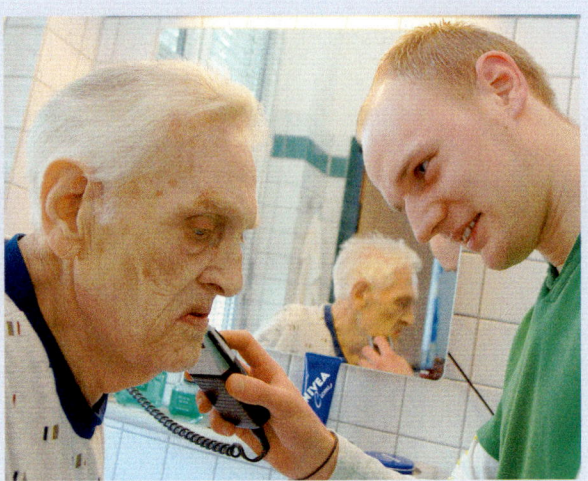

4 Trockenrasur

Haare im Bett waschen

Die **Haarwäsche** ist für die meisten Patienten eine Wohltat, denn gepflegte Haare sind ein deutliches Anzeichen für einen gepflegten Körper.

Für eine Haarwäsche im Bett muss ausreichend warmes Wasser (5–10 l), ein Schüttgefäß, eine spezielle Kopfwaschwanne und ein Auffangbehälter bereitgestellt werden.

Das Bett des Patienten wird flach gestellt und die Waschwanne am Kopfende des Bettes positioniert.

Eine Pflegende wäscht die Haare, während eine zweite Pflegende den Patienten beim Halten des Kopfes unterstützt. Kann sich der Patient im Bett bewegen, sollte er bei der Haarwäsche mitarbeiten 3 .

> Bei der Haarwäsche muss auf den Schutz der Augen und Ohren des Patienten geachtet werden.

Rasieren

Je nach persönlicher Vorliebe rasieren sich Männer nass oder trocken. Die **Nassrasur** birgt ein größeres Verletzungsrisiko. Deshalb wird die **Trockenrasur** 4 oft bevorzugt.

Die Trockenrasur findet vor der weiteren Körperpflege statt, damit die Barthaare trocken bleiben.

Die Haut wird vorsichtig gespannt und mit dem Elektrorasierer in Haarwuchsrichtung rasiert. Anschließend wird der Rasierer mit einem Pinsel gereinigt.

Ältere Frauen leiden wegen der Hormonumstellung manchmal unter Bartwuchs. Die Haare werden dann vollständig entfernt.

AUFGABE

Stellen Sie eine Liste mit Materialien auf, die für eine Nassrasur benötigt werden.

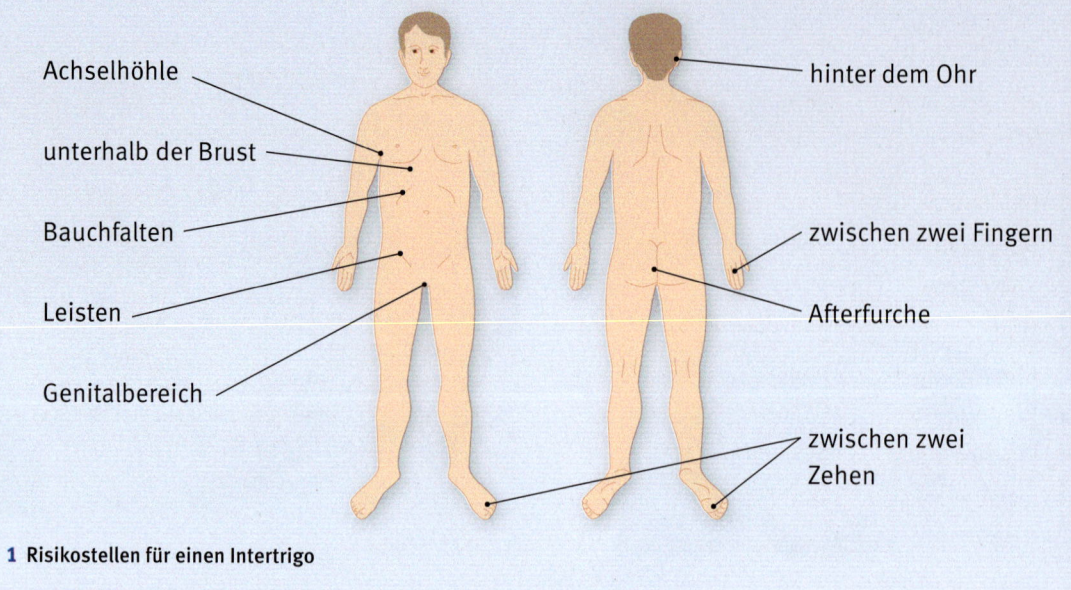

1 Risikostellen für einen Intertrigo

Vor Hautschäden schützen

Eine wesentliche Aufgabe der Pflege ist die Versorgung von beeinträchtigten oder kranken Menschen. Darüber hinaus soll die Pflege der Entstehung neuer Erkrankungen vorbeugen.

Handlungen, die dem Schutz vor und der Verhütung von Krankheiten dienen, werden **Prophylaxen** genannt.

Eine besondere Form der Hautpflege ist z. B. die Intertrigoprophylaxe. Ein **Intertrigo** ist eine nässende Entzündung, die durch die Reibung von Haut auf Haut und die damit verbundene Wärme und Feuchtigkeit entsteht.

Ein Intertrigo bildet sich überwiegend in Hautfalten, z. B. Bauchfalten 1 . Deshalb sind übergewichtige Personen besonders oft davon betroffen.

Die Haut muss vor Feuchtigkeit in Verbindung mit Wärme geschützt werden.

Zur Vermeidung eines Intertrigos hilft:

- gründliches Trocknen der Haut,
- Wechsel verschwitzter Kleidung,
- häufiger Wechsel von Inkontinenzeinlagen.

Bei bettlägerigen Patienten werden trockene Kompressen oder Baumwolltaschentücher in die betroffenen Hautfalten gelegt.

Körperpuder sollten nicht verwendet werden. Durch die Feuchtigkeit bilden sich Klümpchen, die zusätzlich noch einen **Dekubitus** (Druckgeschwür) verursachen können.

Ein Intertrigo und ein Dekubitus sind sehr schmerzhaft.

AUFGABE

Überlegen Sie, welche weiteren Hauterkrankungen Ihnen bekannt sind und wie Sie sich davor schützen können. Recherchieren Sie im Internet.

Tab. 1: Wirkung von Waschzusätzen

erfrischend & belebend	entspannend & beruhigend	entzündungshemmend & desinfizierend
Basilikum	Geranium	Kamille
Bergamotte	Jasmin	Thymian
Eukalyptus	Lavendel	Arnika
Grapefruit	Mandarine	Rosmarin
Krauseminze	Melisse	Salbei
Pfefferminz	Orange	
Wachholder	Sandelholz	
Zitrone	Zedernholz	

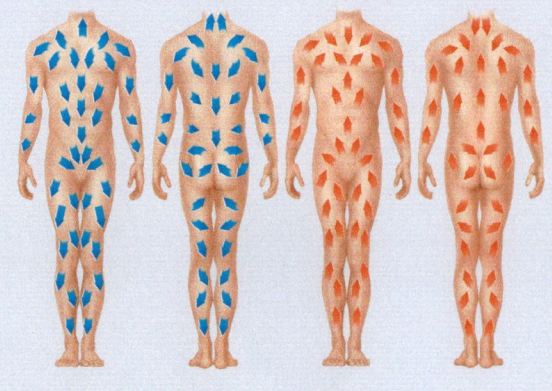

2 Waschung mit (blau) und gegen (rot) die Haarwuchsrichtung

Die Gesundheit fördern

Die Körperpflege kann mehr erreichen als nur die Reinigung des Körpers. Sie kann Wohlbefinden bereiten, z. B. Schmerzlinderung.

Um diese Wirkung zu erreichen, werden therapeutische (heilsame) Waschzusätze (Tab. 1) und bestimmte **Waschtechniken** (Tab. 2) verwendet.

Die Haarwuchsrichtung 2 spielt für die Wirkung der Körperpflege eine wichtige Rolle. Jedes Haar am Körper ist mit einem Nerv verbunden und sehr sensibel. Das merkt man z. B. bei einem Luftzug.

Die Berührung mit der Haarwuchsrichtung ist sehr angenehm. Das Streichen gegen die Haarwuchsrichtung dagegen ist anregend und wachmachend.

Tab. 2: Wirkung und Waschtechniken

Wirkung	Waschtechnik
beruhigend	• Wassertemperatur: 37–40 °C • Waschen in Haarwuchsrichtung • Waschen mit weichem Lappen
belebend	• Waschtemperatur: ca. 30 °C • Waschen entgegen der Haarwuchsrichtung • Waschen mit rauem Lappen
einschlaffördernd	• Wechselfußbäder (heiß und kalt)
schmerzlindernd	• warme Teilbäder (z. B. Armbäder)

1 Tischgebet

5.2 Essen und trinken

Es gibt nichts Schöneres als die Aussicht auf ein leckeres Essen. Wenn dann noch der Tisch schön gedeckt und ein vertrauter Mensch dabei ist, wird die Mahlzeit zu einem wunderbaren Erlebnis.

Essen und **Trinken** hält Leib und Seele zusammen. Nährstoffe und Flüssigkeit braucht der Körper zum Überleben. Beides bereitet auch Genuss, Lebensfreude und soziale Gemeinschaft.

Die Fähigkeit, essen und trinken zu können, ist für die meisten Menschen selbstverständlich. Der Verlust dieser Fähigkeit hat einen großen Einfluss auf die Lebensqualität eines Menschen.

Probleme bereitet das Essen und Trinken Patienten, die aufgrund ihrer Erkrankung z. B. nicht richtig kauen und schlucken können oder keinen Appetit haben.

Es gibt viele Möglichkeiten, den Appetit eines Patienten oder Bewohners anzuregen. Dazu gehören:

- Tisch schön decken,
- für Gemeinschaft sorgen,
- Ess- und Trinkgewohnheiten berücksichtigen,
- kleine Mahlzeiten servieren,
- Zeit lassen.

Auch gewohnte **Rituale** wie ein Tischgebet 1 helfen, den Appetit anzuregen. Alte Menschen erinnern sie oft an die Geborgenheit, die sie in ihrer Kindheit erlebt haben.

> **AUFGABE**
>
> Erstellen Sie eine Liste mit Gerichten, die für besondere Regionen in Deutschland oder in anderen Ländern typisch sind.
>
> Denken Sie an Ihre Essgewohnheiten zuhause, z. B. Uhrzeit oder Ort. Beschreiben Sie diese in der Gruppe.

Essen und trinken

2 Ernährungskreis

3 Nichts für Diabetiker

Sich gesund ernähren

Um gesund und fit zu bleiben, braucht der Mensch eine ausgewogene **Ernährung**. Dabei kommt es auf das „was" und das „wie" des Essens und Trinkens an.

Gesunde Ernährung ist nicht schwer. Die Beachtung folgender Regeln bewirkt schon viel:

- häufig Gemüse oder Obst essen,
- reichlich trinken (ca. 1,5 l/Tag),
- wenig Salz, Zucker und Fett essen,
- langsam essen und gründlich kauen.

Der **Ernährungskreis** 2 hilft bei der richtigen Auswahl der Nahrungsmittel. Je größer das Feld im Ernährungskreis, desto mehr sollte von diesen Lebensmitteln gegessen werden.

AUFGABE

1. Erstellen Sie eine Liste mit Lebens- und Genussmitteln, die in größeren Mengen für den Körper schädlich sein können.

Für Patienten mit bestimmten Erkrankungen gelten besondere Ernährungsregeln. Diese müssen bei ihrer medizinischen Versorgung und Pflege berücksichtigt werden.

Weit verbreitet ist z. B. die Krankheit **Diabetes mellitus**. Solche Patienten müssen eine **Diät** (spezielle Ernährung) einhalten. Dazu gehört z. B. der Verzicht auf alle Nahrungsmittel, die unter Verwendung von Haushaltszucker hergestellt sind 3 .

Bei einer **Lebensmittelallergie** (Unverträglichkeit) müssen bestimmte Lebensmittel gemieden werden, z. B. Nüsse oder Weizen. Ansonsten kann es zu lebensbedrohlichen Abwehrreaktionen des Körpers kommen.

AUFGABE

2. Informieren Sie sich, welche besonderen Ernährungsregeln für junge Menschen mit Übergewicht und mit Untergewicht gelten.

Essen und trinken

1 Hilfsmittel zur Nahrungsaufnahme

2 Essen anreichen

Beim Essen und Trinken unterstützen

Ein wichtiges Ziel der Pflege ist der Erhalt der Selbstständigkeit eines Patienten. Das gilt auch für das Essen und Trinken. Der Patient entscheidet immer, was und wie viel er isst und trinkt.

Für Menschen mit körperlichen Beeinträchtigungen gibt es zahlreiche Hilfsmittel 1 , die ihnen die Nahrungsaufnahme erleichtern. Pflegende sollten die Patienten zum Gebrauch dieser Hilfsmittel motivieren.

Wird das Essen komplett von der Pflegenden angereicht, geht sie dabei wie folgt vor:

- Essen ins Blickfeld des Patienten bringen,
- auf gerade Sitzhaltung des Patienten achten,
- wenn nötig die Hand des Patienten führen 2 ,
- Zeit zum Kauen und Schlucken lassen.

Beim **Essenanreichen** gelten besondere Regeln (Tab. 1), um z. B. das Risiko des Verschluckens zu verringern.

Tab. 1: Regeln beim Essenanreichen (Beispiele)	
Regel	**Warum wichtig?**
Nahrung nicht bei überstrecktem Kopf des Patienten anbieten	Gefahr des Verschluckens
Nahrung nicht zu weit in den Mund schieben	kann Würgreflex auslösen
Besteck nicht an die Schneidezähne kommen lassen	kann Beißreflex auslösen

3 Nahrungsprotokoll (Ausschnitt)

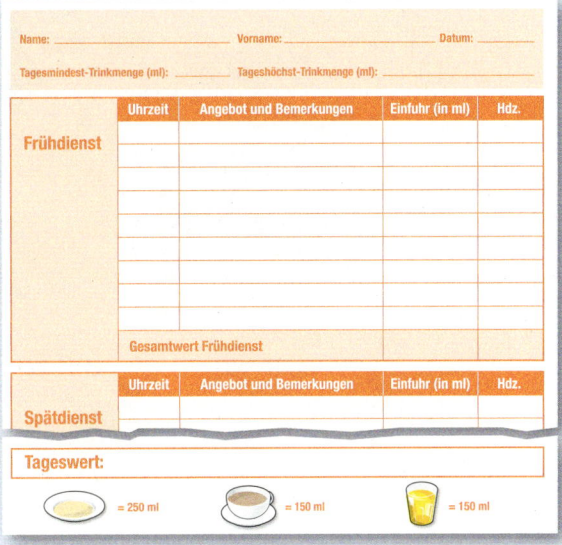

4 Trinkprotokoll (Ausschnitt)

Nahrungsprotokoll

Manche Menschen sind normal- oder sogar übergewichtig, haben aber trotzdem eine **Mangelernährung**. Sie nehmen z. B. nicht genügend Vitamine in Form von Obst zu sich und können deshalb krank werden.

Andere verlieren oder gewinnen an Gewicht, ohne dass der Grund dafür bekannt ist.

Um Krankheiten oder Krankheitsrisiken frühzeitig zu erkennen und vorzubeugen, ist es nötig, die Nahrungsaufnahme in einem **Nahrungsprotokoll** 3 genau zu erfassen:

- Zeitpunkt der Nahrungsaufnahme,
- Menge,
- Art der Nahrung,
- Verhalten bei Nahrungsaufnahme,
- Appetit.

> Ein Nahrungsprotokoll gibt darüber Aufschluss, ob der Patient sich richtig und ausreichend ernährt.

Trinkprotokoll

Der Mensch besteht zu knapp 70 % aus Wasser. Diese Menge ist für den Organismus überlebenswichtig. Alles, was der Mensch z. B. durch das Schwitzen verliert, muss er sich durch das Trinken wieder zuführen.

Wenn der Mensch Durst verspürt, ist das ein sicheres Zeichen, dass er zu wenig trinkt. Im Alter lässt das Durstgefühl oft nach, sodass sich alte Menschen nicht mehr darauf verlassen können.

In Pflegeeinrichtungen werden deshalb oft **Trinkprotokolle** 4 geführt. Dabei wird jede Flüssigkeit notiert, die der Bewohner zu sich nimmt. Trinkt er zu wenig, werden die Mitarbeiter ihn verstärkt dazu motivieren.

> **AUFGABE**
> Führen Sie ein eigenes Trink- und Nahrungsprotokoll über 24 Stunden.

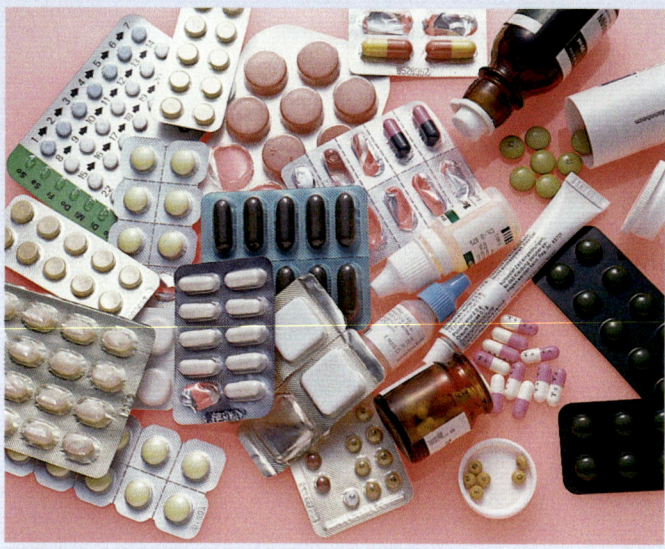

1 Medikamente

> **AUFGABE**
>
> Suchen Sie in Beipackzetteln verschiedener Medikamente nach folgenden Einnahmevorschriften: Anwendungsart, Anwendungsdauer, Aufbewahrung.

Medizin einnehmen

Medikamente 1 werden grundsätzlich nur nach ärztlicher Anordnung verabreicht und eingenommen.

Die Patienten müssen über die Wirkung, den Grund der Einnahme und den Umgang mit dem Medikament aufgeklärt werden. Im Normalfall nehmen sie das Medikament selbstständig ein.

Bei Desorientierung oder körperlichen Beeinträchtigungen müssen sie bei der Medikamenteneinnahme unterstützt werden.

Im Umgang mit Medikamenten werden folgende Regeln eingehalten. Hinweise dazu gibt die ärztliche Verordnung, z. B.:

✓ richtiger Patient,
✓ richtiges Medikament,
✓ richtige Dosis,
✓ richtige Zeit,
✓ richtige Verabreichungsform (Tab. 1),
✓ richtige Anwendungsdauer,
✓ richtige Aufbewahrung.

Medikamente werden nur von examiniertem Personal verabreicht.

Tab. 1: Arzneimittelformen (Auswahl)

Form	Darreichungsform
Tabletten	über den Mund in aufrechter Haltung mit reichlich Flüssigkeit
Tropfen	über den Mund bei genauer Dosierung
Zäpfchen	über den Enddarm oder die Scheide bei Wahrung der Intimspähre
Salbe	über die Haut mit angezogenen Einmalhandschuhen

Essen und trinken

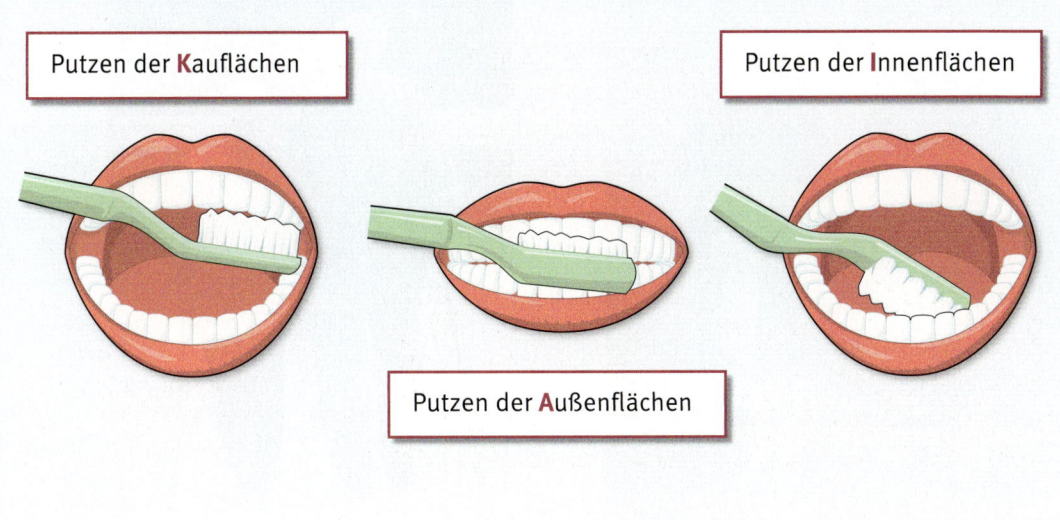

2 KAI-Schema

Den Mund pflegen

Zur **Mundpflege** gehören das Entfernen von Speiseresten und die Reinigung der Zähne. Viele Menschen sind es gewohnt, die Zähne nach jeder Mahlzeit zu putzen. Zweimal am Tag reicht der Griff zur Bürste jedoch aus.

Mundpflege verhindert die Entstehung von z. B.:

- Karies,
- Zahnfleischentzündung,
- Pilzinfektionen.

Die Putzrichtung ist immer von „rot" (Zahnfleisch) nach „weiß" (Zähne). Die Zahnreinigung erfolgt nach dem **KAI-Schema** 2 .

> **AUFGABE**
> Putzen Sie sich gegenseitig die Zähne. Was empfinden Sie dabei, jemandem die Zähne zu putzen bzw. geputzt zu bekommen?

Zahnersatz reinigen

Ältere Menschen tragen häufig eine **Zahnprothese** 3 , die den Verlust einzelner oder aller Zähne ersetzt.

Die sogenannten „dritten" Zähne werden regelmäßig herausgenommen, in ein Reinigungsbad gelegt und anschließend mit einer Spezialzahnbürste gereinigt.

Dabei wird keine Zahnpasta verwendet, da die darin enthaltenen Schleifmittel die Prothese beschädigen.

Es sollte sich etwas Wasser im Waschbecken befinden, damit die Prothese weich fällt, falls sie beim Putzen aus der Hand rutschen sollte.

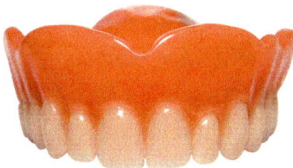

3 Zahnprothese

1 Freude an der Bewegung

2 Eingeschränkte Bewegungsfähigkeit

5.3 Sich bewegen

In der zweiten Etage eines Mietshauses lebt eine alte Dame. Jeder im Haus kennt sie, denn sie ist sehr kontaktfreudig und draußen viel unterwegs. Seit einigen Wochen hat sie keiner mehr gesehen und es gehen fremde Menschen in ihrer Wohnung ein und aus.

Was ist geschehen? Die Dame hat sich bei einem Sturz den Oberschenkel gebrochen, ist bettlägerig und bei allen ihren Verrichtungen auf die Hilfe eines Pflegedienstes angewiesen.

Bewegung heißt leben und unabhängig sein. Sie bedeutet Aktivität, soziale Kontakte und die Freiheit, überall dort zu sein, wo man es sein möchte 1 .

Es gibt viele Gründe, warum Menschen in ihrer **Bewegungsfähigkeit** eingeschränkt sind, z. B.

- Knochenbrüche,
- Erkrankungen,
- Schmerzen.

Im Alter fällt es vielen Menschen schwer, sich zu bewegen. Sie werden oft langsamer und vorsichtiger bei ihren körperlichen Aktivitäten. Ursachen dafür sind z. B. eine nachlassende Muskelkraft 2 .

Pflegende und medizinisches Personal sind bemüht, ihre Patienten zur Bewegung zu motivieren. Auch wenn es manchmal länger dauert, sollte den Patienten so wenig wie möglich an **Aktivität** abgenommen werden.

AUFGABE
1. Erstellen Sie eine Liste mit Möglichkeiten, wie Sie Ihre Bewegungsfähigkeit und Fitness erhalten oder gar steigern können.

AUFGABE
2. Sie wollen einen Autofahrer davon überzeugen, dass er kurze Wege besser zu Fuß gehen sollte. Welche Argumente nutzen Sie dafür?

Sich bewegen

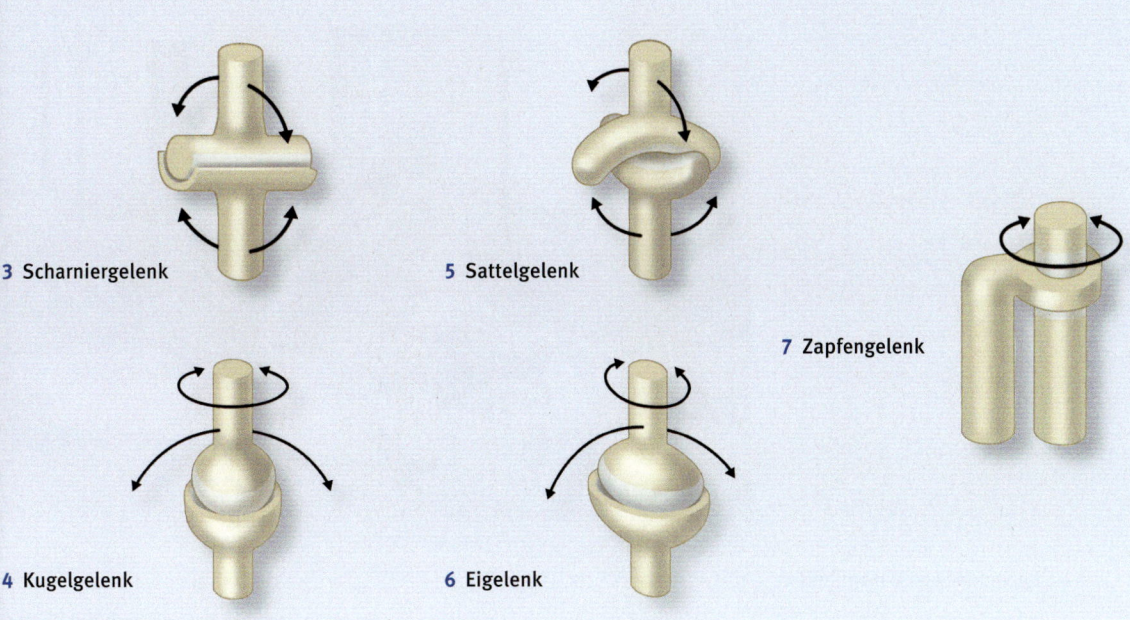

3 Scharniergelenk
5 Sattelgelenk
7 Zapfengelenk
4 Kugelgelenk
6 Eigelenk

Gelenke

Der Körper wird durch Knochen gestützt und durch Muskeln bewegt. Die Bewegung kann nur an Gelenken (Tab. 1) stattfinden.

Gelenke sind die bewegliche Verbindung von zwei oder mehreren Knochen. Werden Gelenke gegen ihre natürliche Beweglichkeit gedreht, können Verletzungen entstehen.

Durch Erkrankungen wie **Arthrose** wird die Gelenkbeweglichkeit eingeschränkt. Diese Patienten müssen deshalb besonders vorsichtig bewegt werden.

> **AUFGABE**
> Basteln Sie ein Scharnier- und ein Kugelgelenk, z. B. mit Holz und Pappe, und prüfen Sie jeweils die Beweglichkeit.

Tab. 1: Gelenke

Gelenkform	Knochen mit Gelenk
Scharniergelenk 3	Ellenbogen, Knie, Finger
Kugelgelenk 4	Hüfte, Schulter
Sattelgelenk 5	Daumen
Eigelenk 6	Arm und Hand, Bein und Fuß
Zapfengelenk 7	Kopf und Hals

Sich bewegen

1 Überwinden von Unebenheiten

Hilfsmittel anbieten

Eine eingeschränkte Beweglichkeit bedeutet noch lange nicht, dass die **Mobilität** verloren geht. Damit der Patient seine Selbstständigkeit so weit wie möglich erhält, kann er z. B. Hilfsmittel benutzen.

Zu den Hilfsmitteln beim Gehen gehören z. B. die Gehhilfen:

- Gehstock,
- 4-Punkt-Gehstock
- und der Rollator.

Sie erleichtern das Halten des Gleichgewichts und ersetzen die fehlende Beinkraft durch die Kraft der Arme.

Die Aufgabe der Gesundheitsberufe liegt darin, den Patienten in der korrekten Anwendung der Hilfsmittel anzuleiten und zu motivieren.

> Für den Einsatz von Hilfsmitteln ist der Rat von Fachleuten notwendig.

Rollstühle gibt es je nach Art der körperlichen Beeinträchtigung in verschiedenen Ausführungen. Sie sollen ebenfalls den Betroffenen die Teilhabe am alltäglichen Leben ermöglichen.

Beim Benutzen eines Rollstuhls muss immer auf die Sicherheit des Geräts geachtet werden:

- intakte Bremsen,
- aufgepumpte Reifen,
- eingerastete und vollständig aufgeklappte Gelenkverbindungen,
- keine verbogenen oder vorstehenden Metall- oder Plastikteile wegen der Verletzungsgefahr.

Auch der Rollstuhl ist ein Hilfsmittel, der so selbstständig wie möglich von seinem Benutzer bedient werden sollte. Nur in Ausnahmefällen wird er geschoben.

> Vorsicht ist geboten beim Überwinden von Treppen und Unebenheiten 1.

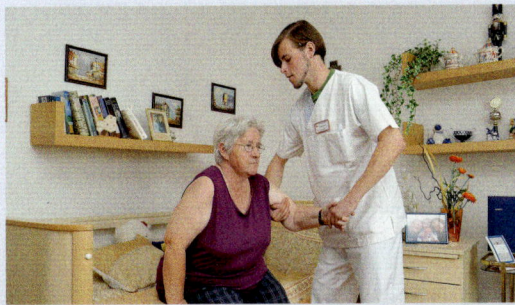

2 Anfassen an beiden Händen

3 Einhaken an der Seite

Aufstehen und hinsetzen

Menschen mit Bewegungseinschränkungen bereitet das Aufstehen und Hinsetzen vom Bett oder Stuhl oft erhebliche Probleme. Speziell angebrachte Haltegriffe sind dabei sinnvolle Hilfsmittel.

Ist die Unterstützung durch eine andere Person notwendig, ist folgende Vorgehensweise sinnvoll:

> **Patienten so weit wie möglich von Stuhl oder Bettkante vorziehen**
>
> ⬇
>
> **Füße des Patienten zurückstellen, bis eine senkrechte Linie zwischen Fußspitzen und Knie erkennbar ist**
>
> ⬇
>
> **Patienten an beiden Händen fassen und hochziehen oder an der Seite einhaken und mit ihm zusammen aufstehen .**

Gehen

Geschwächte Menschen haben häufig Angst, alleine zu gehen. Sie fühlen sich unsicher und fürchten sich davor, hinzufallen.

Es ist bereits eine Hilfe, wenn sie beim Gehen nicht mit Hindernissen, z. B. Teppichen oder Unebenheiten, rechnen müssen.

Ist eine Begleitung notwendig, reicht oft schon ein Handhalten oder Einhaken. Dabei darf jedoch nicht das Schultergelenk hochgezogen werden.

Bei jeder Hilfeleistung ist das Gespräch wichtig. Es vermittelt zusätzlich Sicherheit.

> **AUFGABE**
>
> Verbinden Sie einer Ihrer Mitschülerinnen die Augen. Begleiten Sie sie von ihrem Stuhl zu einem anderen Ort. Wie hat sie sich dabei gefühlt?

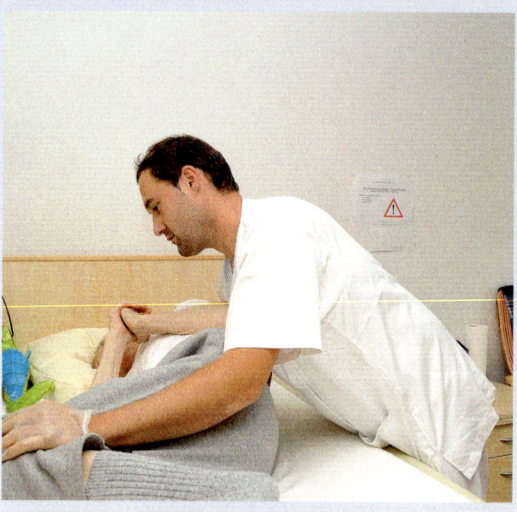 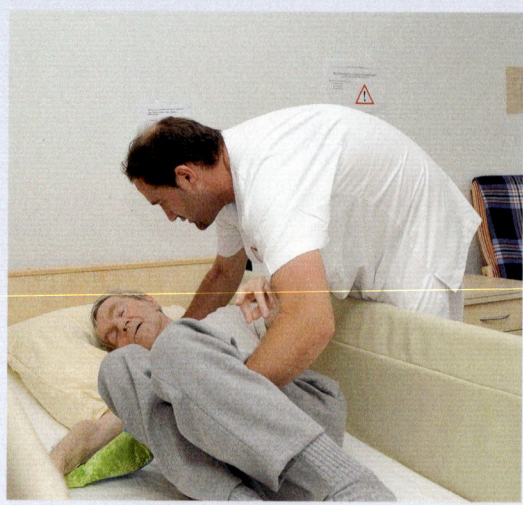

1 Richtige Rückenhaltung   **2** Falsche Rückenhaltung

Den Rücken schonen

Bei jedem Heben, Stützen oder Tragen ist der Rücken in Gefahr. Wenn Pflegende andere Menschen in der Bewegung unterstützen, sollten sie sich schützen.

Die Beachtung folgender Regeln kann die Wirbelsäule langfristig vor Schmerzen und Schäden bewahren:

- bei jeder Belastung den Rücken gerade halten **1** und nicht krümmen **2**,
- sicheres, festes Schuhwerk tragen,
- mit dem ganzen Fuß schulterbreit aufstellen und Knie leicht beugen,
- drehen und beugen nur aus dem Becken heraus,
- Lasten möglichst nah vor dem Körper tragen,
- Hilfsmittel einsetzen.

> So viel Zeit muss sein. Bei der Bewegung schwerer Lasten sollten Pflegende immer zu zweit arbeiten.

Neben der Schonung hilft auch das gezielte Training des Rückens. Ein Baustein dieses Trainings ist die Dehnung aller Muskeln **3**, die für die Bewegung des Rückens wichtig sind, z. B. die Bein- oder Hüftmuskulatur.

Die Übungen werden immer so ausgeführt, dass ein Ziehen in den Muskeln spürbar ist.

Die Dehnung darf keine Schmerzen in der Muskulatur verursachen.

Jede Übung wird mindestens 10 Sekunden gehalten.

AUFGABE

Wir heben, ziehen oder schieben Lasten, indem wir in die Knie gehen und den Rücken gerade lassen. Dabei stellen wir uns frontal zur Last.

Heben Sie eine Kiste mit Wasserflaschen korrekt hoch und tragen Sie sie einige Meter. Beschreiben Sie Ihre Wahrnehmung.

Sich bewegen

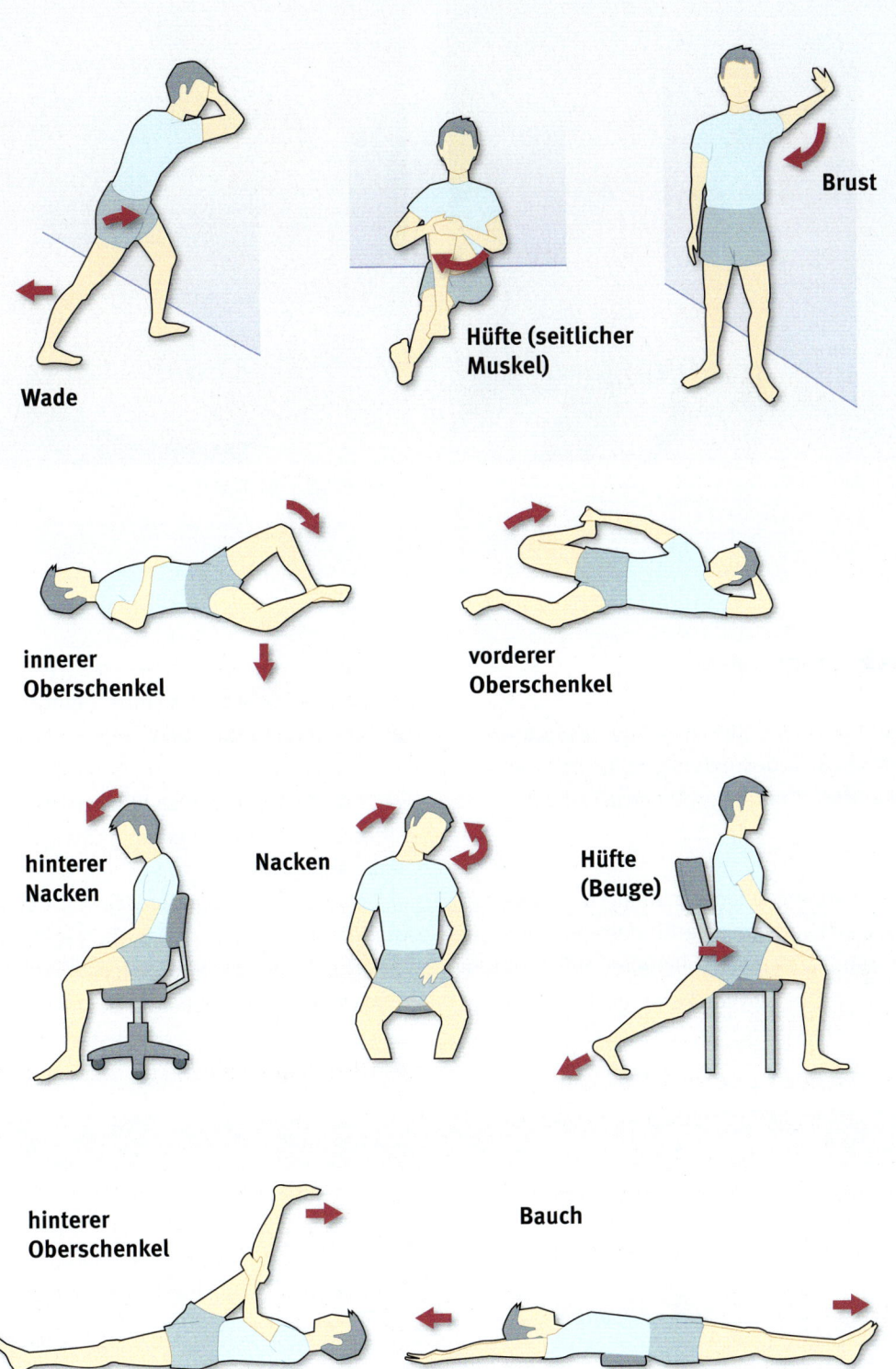

3 Dehnungsübungen

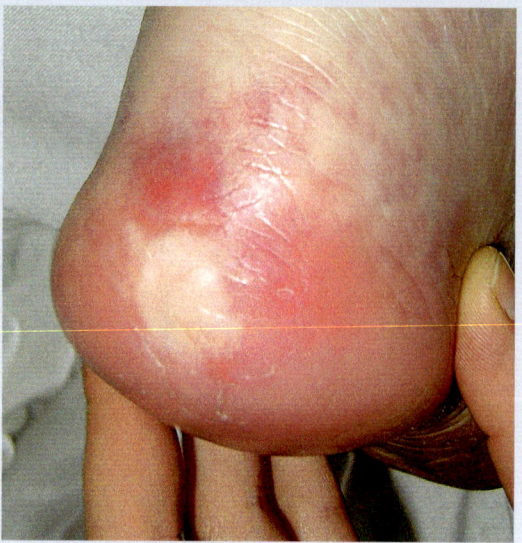

1 Dekubitus in Stadium 1

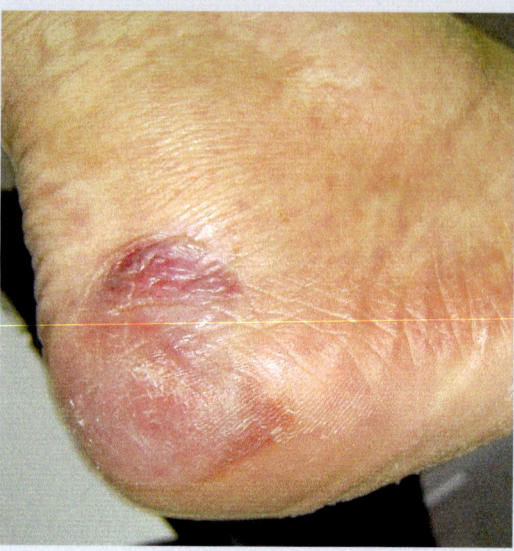

2 Dekubitus in Stadium 2

Bewegen und lagern

Menschen mit eingeschränkter Bewegungsfähigkeit sind besonders gefährdet, einen **Dekubitus** (Wundliegegeschwür) zu entwickeln.

Wenn Körperteile lange z. B. auf einem Bett oder Stuhl aufliegen, verhindert der Druck auf diese Stellen eine ausreichende Durchblutung der Haut. Das Gewebe kann nicht genug mit Sauerstoff versorgt werden und langfristig absterben.

Dekubiti können sich zu sehr schweren und schmerzhaften **Wunden** (Tab. 1) entwickeln und am Ende tödlich sein.

Gefährdete Körperstellen müssen unbedingt vom Druck entlastet werden, indem der Patient bewegt wird.

Mindestens einmal am Tag wird die **Haut** des Patienten vollständig inspiziert. Hautrötungen können ein Zeichen für eine Hautschädigung sein und werden sofort der zuständigen Pflegefachkraft gemeldet.

Tab. 1: Schweregrade des Dekubitus	
Schweregrad	**Beschreibung**
Stadium 1	Hautrötung 1
Stadium 2	Blasenbildung 2
Stadium 3	Gewebeschäden bis zum Knochen
Stadium 4	Gewebe- und Knochenschäden

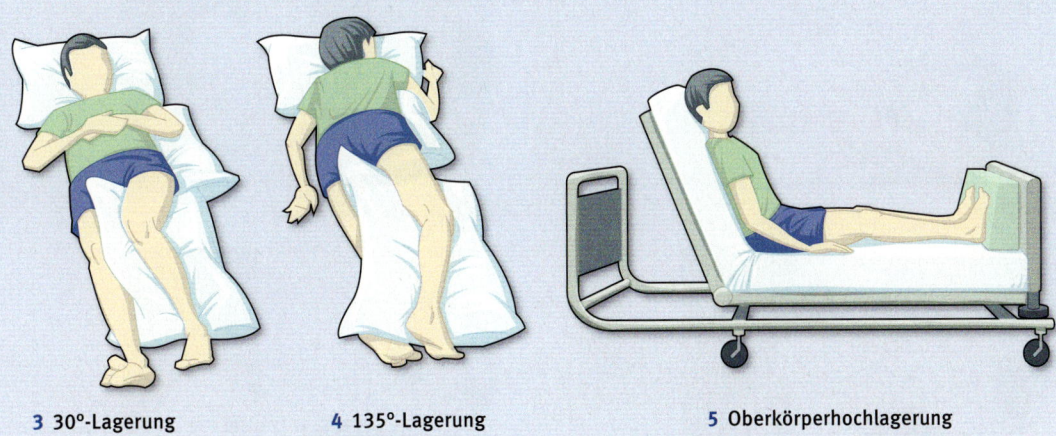

3 30°-Lagerung   4 135°-Lagerung   5 Oberkörperhochlagerung

Bettlägerige Patienten, die sich in ihrem Bett gar nicht mehr bewegen können, werden regelmäßig umgelagert.

Die Pflegenden bringen sie mindestens alle zwei Stunden in eine andere Liegeposition. Die **Lagerung** soll der Entstehung eines Dekubitus vorbeugen und wird deshalb auch **Dekubitusprophylaxe** (Verhütung) genannt.

Es gibt verschiedene Lagerungsarten, die üblicherweise in den Pflegeeinrichtungen Anwendung finden.

Die wichtigste ist die 30°-Seitenlagerung 3 . Hierbei wird der Patient mittels Kissen in eine Schräglage des Körpers gebracht.

Seltener wird die 135°-Lagerung verwendet, bei der der Patient fast auf dem Bauch liegt 4 .

Die Oberkörperhochlagerung 5 , z. B. beim Essenanreichen, eignet sich nicht zur Dekubitusprophylaxe, da z. B. die Haut am Steißbein zu stark beansprucht wird.

Für die Lagerung gibt es verschiedene Hilfsmittel, z. B. Lagerungskissen, Schaumstoffkeile oder Spezialmatratzen.

Am Ende jedes Umlagerns wird immer kontrolliert, ob

- die Wirbelsäule der Patienten gerade liegt,
- keine Gelenke hohl liegen und
- die Notklingel in Reichweite der Patienten ist.

Jede Lagerung wird schriftlich dokumentiert mit Uhrzeit, Art der Lagerung und Unterschrift der Pflegenden. Das Umlagern erfolgt möglichst zu zweit, um eine Überlastung des Rückens der Pflegenden zu vermeiden.

> **AUFGABE**
> Versuchen Sie, mindestens fünf Minuten absolut unbeweglich auf Ihrem Stuhl zu sitzen. Beschreiben Sie anschließend Ihre Gefühle und Empfindungen.

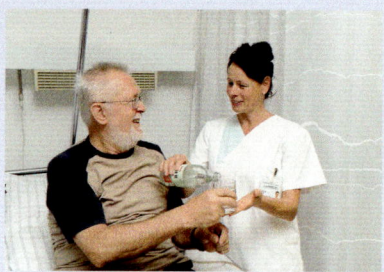
1 Trinken

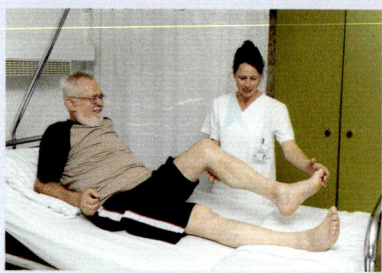
2 Passiv bewegen

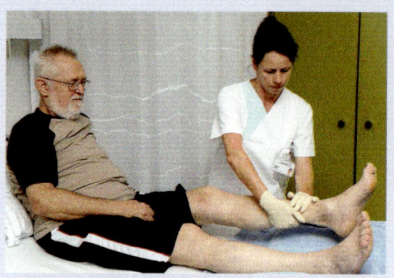
3 Ausstreichen der Beine

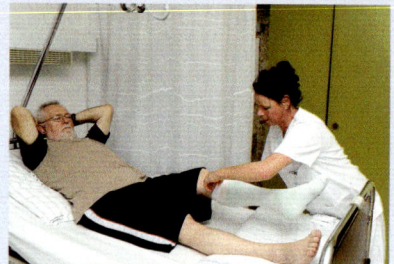
4 Anti-Thrombose-Strümpfe

Den Blutfluss fördern

Eine eingeschränkte Bewegungsfähigkeit lässt ebenfalls das Risiko ansteigen, eine **Thrombose** zu entwickeln.

Eine Thrombose ist ein Blutgerinnsel. Sie bildet sich in einer Vene, wenn das Blut dort zu langsam fließt. Die Patienten klagen dabei über Schmerzen. Oft ist eine Schwellung erkennbar.

Eine Thrombose ist lebensgefährlich. Liegt ein Verdacht vor, verständigt die Pflegende sofort den Arzt.

Alle Maßnahmen, die eine Thrombose verhindern sollen, gehören zur **Thromboseprophylaxe**.

Die beste Methode gegen Thrombose ist das Gehen und das Trinken. Der Patient sollte sich so viel wie möglich selbstständig bewegen und verstärkt zum Trinken 1 motiviert werden.

Es gibt Bewegungsübungen, die eine Patientin auch im Liegen durchführen kann, z. B.

- Beine hoch und Rad fahren,
- Anheben der Beine im Wechsel,
- Fußkreisen.

Wenn Patienten sich nicht mehr selbstständig bewegen können, werden sie durch Pflegende passiv bewegt 2 .

Die Beine werden hoch gelagert und in Richtung des Herzens ausgestrichen 3 .

Die Ärztin kann zur Prophylaxe Anti-Thrombose-Strümpfe 4 , Beinwickel oder Medikamente verordnen.

> **AUFGABE**
> Probieren Sie die Bewegungsübungen im Bett aus. Beobachten Sie dabei besonders die Bewegungen Ihrer Waden.

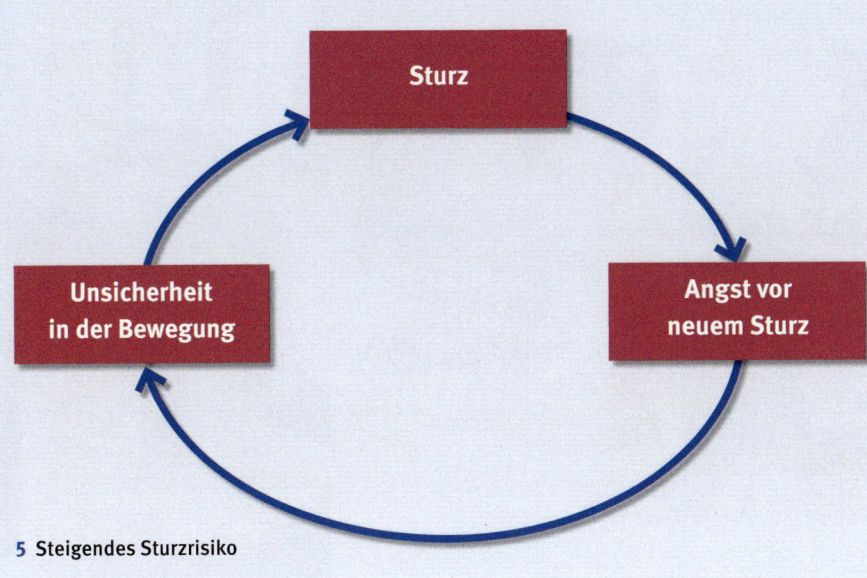

5 Steigendes Sturzrisiko

Stürze verhindern

Ist die Bewegungsfähigkeit eingeschränkt, steigt auch die Gefahr von Stürzen. Die Patienten bewegen sich unsicher, können stürzen und entwickeln Ängste vor weiteren Stürzen. Das Risiko steigt mit jedem Sturz 5 .

Stürze sind für alte Menschen gefährlich, weil z. B. Knochenbrüche langsamer heilen und die Bewegung zusätzlich einschränken.

Stürze sind auch für gesunde Menschen unvermeidbar. Allerdings kann das Risiko reduziert werden, ohne dass die Bewegungsfreiheit eingeschränkt wird.

Besonders in Altenpflegeeinrichtungen werden deshalb Maßnahmen der **Sturzprophylaxe** (Tab. 1) durchgeführt.

> **Trotz des Sturzrisikos sollten alte Menschen sich viel bewegen.**

Tab. 1: Sturzprophylaxe	
Maßnahme	**Wirkung**
gute Beleuchtung	Hindernisse sind erkennbar.
Brille und Hörgerät	Hindernisse sind einschätzbar.
Anleitung im Umgang mit Hilfsmitteln	Hilfsmittel geben Sicherheit.
feste Schuhe	Der Gang ist sicher.
Boden ohne Hindernisse wie Kabel, Teppiche oder Bodenschwellen	Stolperfallen werden verringert.
rutschfester Boden im Bad	Ausrutschen bei Nässe wird verhindert.

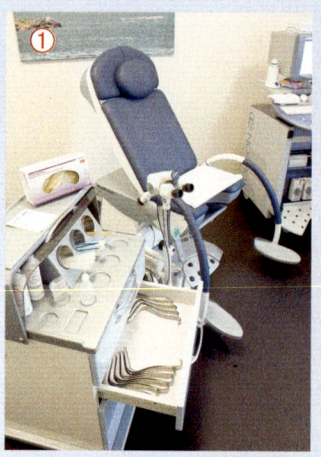
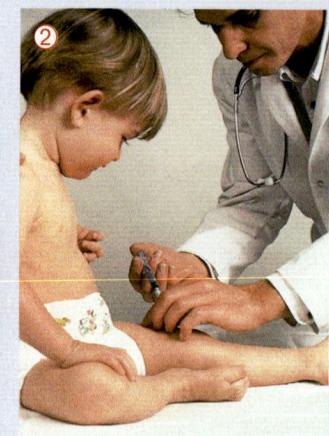
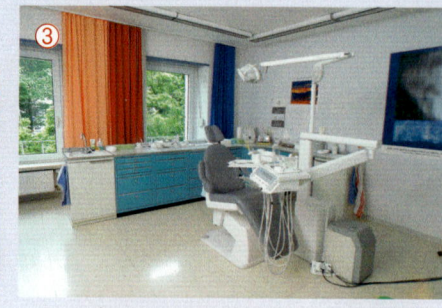
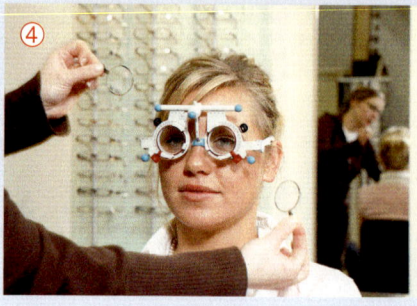

1 Praxen verschiedener Fachrichtungen

5.4 Projektaufgaben

Gesundheit

1. Sie wollen sich über den Beruf der Medizinischen Fachangestellten informieren.

a) Bei welchen Fachärzten waren Sie bereits in Behandlung? Welche weiteren können Sie benennen?

b) Ordnen Sie die verschiedenen Praxen 1 den entsprechenden Fachrichtungen zu. Nennen Sie sowohl die deutsche Bezeichnung als auch das Fremdwort.

c) Gehen Sie in eine Arztpraxis und fragen Sie nach, welche Berufsgruppen dort tätig sind.

d) Informieren Sie sich über die Möglichkeit, dort ausgebildet zu werden.

e) Wie lange dauert die Ausbildung zur Medizinischen Fachangestellten?

f) Welche Kenntnisse und Fertigkeiten werden in der Ausbildung von wem vermittelt?

g) Welche Eigenschaften sollte eine Medizinische Fachangestellte im Umgang mit Patienten haben?

h) Nennen Sie Beispiele für Tätigkeiten, die Medizinische Fachangestellte in einer Praxis ausführen.

i) Im Umgang mit Menschen ist Hygiene sehr wichtig. Erklären Sie, was unter dem Begriff Hygiene zu verstehen ist.

j) Welche Arten von Hygiene gibt es? Nennen Sie jeweils zwei Maßnahmen dazu.

k) Warum ist bei bestimmten Arbeiten das Tragen von Handschuhen in der Praxis vorgeschrieben?

l) Informieren Sie sich im Internet, was unter einer chirurgischen Händedesinfektion verstanden wird.

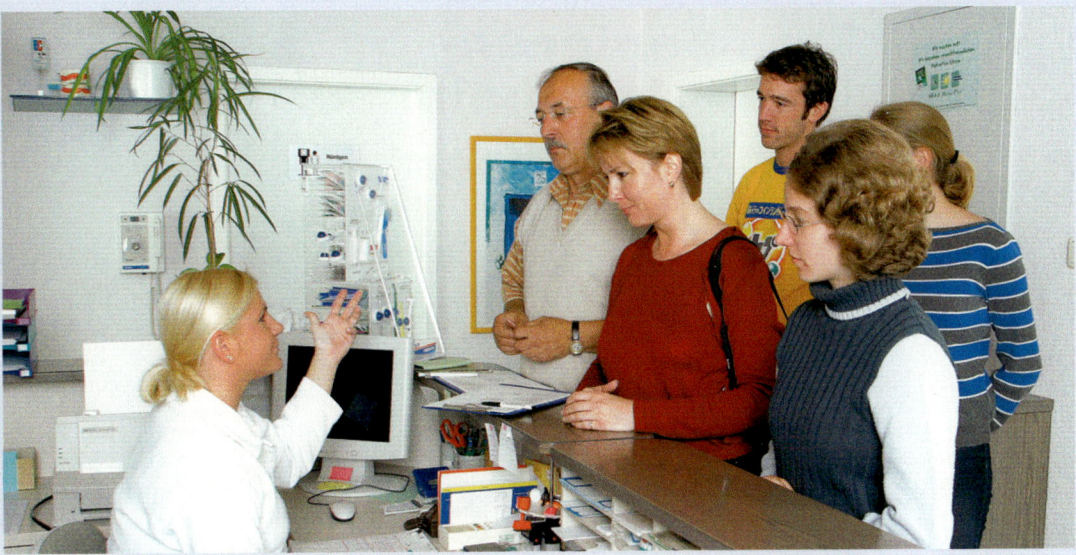

2 Begrüßung in der Arztpraxis

2. Markus Wagner betritt ängstlich die Praxis und wundert sich, dass die Medizinischen Fachangestellten nicht auf seinen Gruß reagieren.

a) Wie könnte Markus Wagner die nonverbale Botschaft der Mitarbeiter verstehen?

b) Der Satz „Man kann nicht nicht kommunizieren" ist sehr bekannt. Überlegen Sie, was er bedeutet.

c) Nennen Sie weitere Gesprächssituationen mit Patienten, die sich in einer Arztpraxis ergeben können 2 .

d) Erklären Sie, warum Sie bei unsicheren und ängstlichen Patienten Einfühlungsvermögen zeigen müssen.

e) Welche Regeln beachten Sie im Gespräch mit jungen und alten Menschen?

f) Was bedeutet es, bei einem Gespräch aktiv zuzuhören?

3. Kollegin Kraut ist beruflich stark eingespannt und leidet unter starken Rückenschmerzen und Schlaflosigkeit. Sie vermutet, dass Stress die Ursache dafür sein könnte.

a) Jeder Mensch erlebt Schmerz anders. Wovon ist das Erleben von Schmerzen abhängig?

b) Welche Folgen kann Schmerz auf Dauer haben?

c) Welche Arten von Stress gibt es?

d) Überlegen Sie, ob es einen Zusammenhang zwischen Stress und Schmerz gibt.

e) Mit welchen weiteren Symptomen reagiert der Körper auf Stress?

f) Was würden Sie Ihrer Kollegin Kraut als Maßnahme gegen den Stress empfehlen?

g) Überlegen Sie, was Ihnen in stressigen Situationen guttut.

Projektaufgaben

1 Eingangsgbereich

Pflege

1. Wenn ältere Menschen nicht mehr alleine zuhause leben können, entscheiden sich viele für den Umzug in ein Seniorenpflegeheim 1 . In Ihrer nächsten Umgebung gibt es so eine Einrichtung.
Führen Sie dort eine Befragung durch. Fassen Sie die Ergebnisse der Befragung in einer Tabelle zusammen.

a) Welche Berufsgruppen sind in der Einrichtung tätig?

b) Welche Aufgaben und Tätigkeiten führen die Mitarbeiterinnen in ihrem Arbeitsbereich aus?

c) Welche Ausbildung müssen die Mitarbeiterinnen in der Pflege abgeschlossen haben? Welche Fort- und Weiterbildungen sind in der Pflege möglich?

d) Fragen Sie die Mitarbeiterinnen, warum sie ihren Beruf gewählt haben.

2. Frau Maier ist Bewohnerin eines Altenpflegeheims. Sie leidet schon seit Jahren unter starken Gelenkschmerzen in den Beinen und ist deshalb bewegungseingeschränkt.

a) Zählen Sie weitere Gründe auf, warum Menschen in ihrer Bewegung eingeschränkt sein können.

b) Nennen Sie Risiken für Menschen mit eingeschränkter Bewegungsfähigkeit.

c) Welche Pflegemaßnahmen dienen dazu, die Risiken zu verhindern? Schreiben Sie die Maßnahmen zu dem jeweiligen Risiko in eine Tabelle.

d) Recherchieren Sie im Internet, welche Gehhilfen und Hilfsmittel bei einer Bewegungseinschränkung angeboten werden.

e) Wenn Sie Frau Maier bei ihrer Bewegung unterstützen, ist Ihr Rücken in Gefahr. Welche rückenschonenden Maßnahmen können angewandt werden?

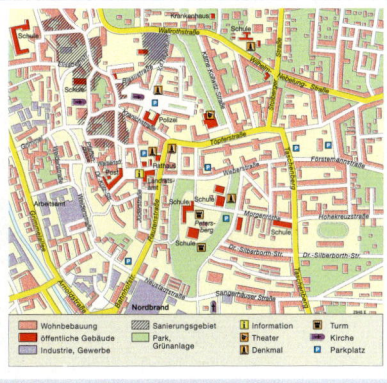

2 Orientierungshilfen

3. Frau Maier fühlt sich heute so schlecht, dass sie ausnahmsweise im Bett gewaschen werden möchte.

a) Welche Materialien müssen für die Waschung bereitgestellt werden?

b) Schreiben Sie die Reihenfolge auf, die Sie bei der Waschung einhalten müssen.

c) Frau Maier leidet unter Fußpilz. Sie möchte zuerst die Füße gewaschen bekommen. Wie reagieren Sie?

d) Worauf müssen Sie beim Lagern von Frau Maier achten, damit sie keinen Dekubitus bekommt?

e) Sie möchten wissen, warum es Frau Maier heute so schlecht geht. Überlegen Sie, welche Fragen Sie ihr stellen können.

f) Sie vermuten, dass Frau Maier Fieber hat. Welche Beobachtungen können Ihre Vermutung unterstützen?

4. Herr Huber, gelernter Konditor, ist vor zwei Jahren in das Heim Herbstsonne gezogen. Seitdem ist er zunehmend desorientiert.

a) Erklären Sie den Begriff Desorientierung in Stichworten.

b) Nennen Sie die Ursachen für die Entstehung von Desorientierung.

c) Sie vermuten, dass Herr Huber zu wenig trinkt. Wie können Sie diese Annahme überprüfen?

d) Welche Möglichkeiten haben Sie, desorientierte Bewohner zu aktivieren?

e) Desorientierten Menschen hilft ein geregelter Tagesablauf. Beschreiben Sie nach Ihrem Praktikum den Tagesablauf im Heim.

f) Sie haben sich in einer fremden Stadt verlaufen und brauchen Orientierung 2 . Was empfinden Sie dabei und wie verhalten Sie sich?

Projektaufgaben

1 Osterdekoration

2 Osterbuffet

5. Herr Huber ist gestolpert und hat sich das Knie aufgeschlagen. Sie sind vor Ort und leisten Erste Hilfe.

a) Warum und wie schützen Sie sich in dieser Situation? Welche allgemeinen Hygieneregeln müssen Sie beachten?

b) Wie versorgen Sie die Wunde?

c) An wen geben Sie Informationen weiter?

d) Wenn Sie mit Herrn Huber sprechen, worauf müssen Sie achten?

e) Bei der Versorgung wurde seine Kleidung mit Blut verunreinigt. Beschreiben Sie den hygienischen Umgang mit verschmutzter Wäsche.

f) Wie können Sie in Zukunft verhindern, dass Herr Huber erneut stürzt?

g) Warum wächst mit jedem Sturz eines Patienten das Risiko für weitere Stürze?

6. In einem Monat ist Ostern und Sie wollen das Osterfest gemeinsam mit den Heimbewohnern gestalten.

a) Überlegen Sie, wie Sie Herrn Huber und Frau Maier in die Vorbereitungen einbeziehen können 1 .

b) Sammeln Sie gemeinsam regionale Bräuche, Traditionen und typische Speisen zum Osterfest.

c) Bereiten Sie gemeinsam ein Osterbuffet vor und dekorieren Sie den Tisch 2 .

d) Worauf müssen Sie bei der Speisenauswahl für alte Menschen achten? Denken Sie dabei an den Ernährungskreis.

e) Nennen Sie ein Beispiel für eine Krankheit, die die Ernährung einschränkt.

f) Schreiben Sie eine passende Einladung zum Fest für Nachbarn und Angehörige der Bewohner.

ZUSAMMENFASSUNG

1. Sich pflegen

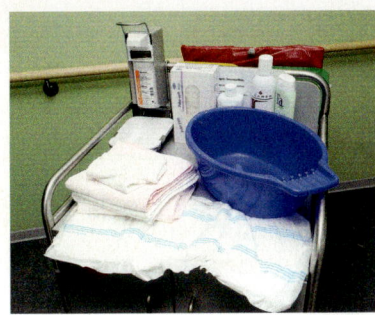

- beim An- und Auskleiden helfen
- Materialien für die Körperpflege auswählen
- Teil- und Ganzkörperwaschungen durchführen
- duschen und rasieren
- die Haut gesund erhalten

2. Essen und trinken

- Appetit anregen
- bei der Nahrungsaufnahme unterstützen
- Trink- und Nahrungsprotokolle führen
- Medikamente einnehmen
- Mund- und Zahnhygiene durchführen

3. Sich bewegen

- Bewegungseinschränkung erkennen
- Hilfsmittel anbieten
- beim Bewegen unterstützen
- bettlägerige Patienten umlagern
- den Rücken schonen
- Stürze verhindern

Register

A
Abfall 56
Aktivierung 69
Aktivität 94
akut 63
An- und Auskleiden 79
Analgetika 64
Anamnese 28
Anamnesebogen 29
Arbeitsschutz 11
Arterien 41
Arthrose 95
Atemnot 47
Ausbildungsvertrag 12

B
Beobachtungen 34
Berufsinformationszentren (BIZ) 13
Bewegungsfähigkeit 94
Biografie 28
Blutdruck 43

C
chronisch 63

D
Dekubitus 86, 100
Dekubitusprophylaxe 101
Demenzerkrankung 67
Desinfektion 54
Desorientierung 66
Diabetes mellitus 89
Diät 89
Diagnose 10
Diastole 43
Dokumentation 38
Druckverband 49
Duale Berufsausbildung 12
Duschen 84

E
Ernährung 89
Ernährungskreis 89
Ernährungszustand 40
Essen 88
Essenanreichen 90

G
Ganzkörperwaschung 82
Gelenke 95
Gespräche 24
Gesprächsstörer 27
Grundgesetz (GG) 16

H
Haarwäsche 85
Händedesinfektion 53
Haut 100
Herz 41
Hygiene 52
Hygieneplan 55

I
Infektionsgefahr 52
interkulturelle Kompetenz 75
Intertrigo 86

K
KAI-Schema 93
Kapillaren 41
Kleidung 56
Kommunikation 20
Körpereinsatz 6
Körperkreislauf 41
Körperpflege 80
Körpertemperatur 44
Kreislaufschock 47

L
Lagerung 101
Lebensmittel 58
Lebensmittelallergie 89

M
Mangelernährung 91
Medikamente 92
Medizinische Fachangestellte 9
Messwerte 40
Migrationshintergrund 74
Mindesthaltbarkeitsdatum 58
Mobilität 96
Mundpflege 93

N
Nahrungsprotokoll 91
Nassrasur 85
nonverbale Kommunikation 21
Notruf 46

O
Orientierungsstörungen 66

P
Persönlichkeit 18
Pflege 8
Pflegeanamnese 28
Pflegemittel 81
Pflegeprozess 39
Prophylaxe 86
Puls 42

R
Realitäts-Orientierungs-Training 68
Rituale 88
Rollstühle 96

S
Schichtdienst 7
Schmerzen 62
Schutzkleidung 57
Sterilisation 54
Stress 70
Sturzprophylaxe 103
Systole 43

T
Team 19
Teilpflege 81
Therapie 10
Thrombose 102
Thromboseprophylaxe 102
Trinken 88
Trinkprotokolle 91
Trockenrasur 85

U
Unfallverhütung 11

V
Venen 41
verbale Kommunikation 21

W
Wahrnehmungen 34
Wäsche 56
Waschtechnik 87
Wertschätzung 6
Wunden 100
Wundschnellverbände 49

Z
Zahnmedizinische Fachangestellte 9
Zahnprothese 93

Bildquellenverzeichnis

A1PIX - YourPhoto Today, Taufkirchen: 9.5 (PHN);
adpic Bildagentur, Bonn: 93.3 (R. Rebmann);
alamyimages, Abingdon/Oxfordshire: 73.3 (imagebroker);
allesalltag, Hamburg: 36.2, 51.3;
allOver - galériephoto, Plourivo: 51.1 (Galerie Photo);
argus Fotoagentur GbR, Hamburg: 104.1.4 (Mike Schroeder);
B. Braun Melsungen AG, Melsungen: 100 (beide);
Bildagentur Schapowalow GmbH, Hamburg: 71.4 (Robert Harding);
Blume Bild, Celle-Osterloh: 61.3;
Camici, Axel, Pogum/Jemgum: 41.2, 95 (alle);
Caro Fotoagentur GmbH, Berlin: 33.3 (Frank Sorge);
Christen, Maria , Erftstadt-Lechenich: 84.1;
Corbis, Düsseldorf: 60.2 (Simon Jarrett), 94.1 (Bob Thomas), 109.3 (Bob Thomas);
coverspotagentur für fotografie, Zueplich: 6.2 (Bernd Lauter);
Deiseroth, Dieter, Niederaula: 16.1;
Deutsche Gesellschaft für Ernährung e. V., Bonn: 89.2;
doc-stock GmbH, Stuttgart: 50.3;
Druwe&Polastri, Cremlingen/Weddel: 12 (beide), 48.1;
epd-bild, Frankfurt am Main: 90.2;
Fabian, Michael, Hannover: 5.2, 77.2;
Fochler, Dirk, Wendhausen: 36.3;
Focus Photo- u. Presseagentur GmbH, Hamburg: 54 .2 (SPL/Dr. Gopal Murti), 71 .3 (Hooton/SPL);
FOTODESIGN - HEINZ HEFELE , Darmstadt: 5.1, 6.1, 9.4, 38.2, 50.1, 104.1.3, 105.2;
fotolia.com, New York: 18.1 (Kaarsten), 23.2 (Andy Dean), 59.3 (Carmen Steiner), 67.2 (Gerhard Seybert), 76.2 (Gerhard Seybert), 108.1 (Lynx), 108.2 (HLPhoto);
Geberit GmbH, Pfullendorf: 84.2;
Getty Images, München: 75.3.1, 75.3.3 (Stone/Hans Neleman);
Hild, Claudia, Angelburg: 35.2;
iStockphoto, Calgary: 77.4 (René Mansi);
jump Fotoagentur, Hamburg: 10.1 (Annette Falck);
Juventa Verlag, Weinheim: 28.1 (Barbara Kerkhoff);
KAGE Mikrofotografie, Lauterstein: 54.1;
KALOO Images, Mertingen: 51.2;
kleine Holthaus, Thorsten, Düsseldorf: 49.3, 60.1, 90.1, 104.1.1, 109.2;
Kurt Fuchs Presse Foto Design, Erlangen: 77.3;
Lyß, Wolfenbüttel: 33.1;
mauritiusimages GmbH, Mittenwald: 62.1, 76.1, 80.3, 81.4 (Martin Ley);
Minkus IMAGES Fotodesignagentur, Isernhagen: 50.2;
Naumann, Britta, Braunschweig: 89.3;
OKAPIA KG Michael Grzimek & Co., Frankfurt am Main: 104.1.2 (Stone/NAS);
Ostkreuz Bildagentur, Berlin: 75.3.2 (Anna Schönharting);
Peter Wirtz Fotografie, Dormagen: 5.3, 6 3, 8 (alle), 17.3, 19 (beide), 20.1, 21 (alle), 24.1, 25.1, 27.2, 30.2, 31.3, 32 (alle), 36.1, 37 (beide), 43.3, 45.3, 46.1, 47 (alle), 49.2, 56 (alle), 57 Tabelle, 65 (beide), 66.1, 68 (beide), 69.3, 70.2, 72 (beide), 76.3, 78 (beide), 79.5, 80.1, 82 (beide), 85.4, 96.1, 97 (alle), 98 (beide), 102 (alle), 109.1;
photothek.net GbR, Radevormwald: 63.4 (Lisa Johannsen);
Picture-Alliance GmbH, Frankfurt/Main: 5.4, 15.3 (ZB/Martin Schutt), 61.2 (lby/Karl-Josef Hildenbrand), 74.1 (P. Steffen), 76.4 (P. Steffen), 77.1 (Picture Press), 85.5, 94.2, 106.1 (ZB J. Büttner), 107.2.2 (Frank Leonhardt);
plainpicture GmbH & Co. KG, Hamburg: 10.2 (Johner), 67.3 (T. Grimm);
Premium Stock Photography GmbH, Düsseldorf: 60.3 (Photocuisine);
Project Photos GmbH & Co. KG, Walchensee: 63.3 (ReinhardEisele);
RCN Medizin- und Rehatechnik GmbH, Sargenroth: 84.3;
Servolight GmbH, Wesel: 79.3;
Simper, Manfred, Wennigsen: 59.2;
Sirona Dental Systems GmbH, Bensheim: 54.3;
Stiebritz, A., Karlsruhe: 33.2;
StockFood GmbH, München: 88.1 (DabielLaflor);
Studio Schmidt-Lohmann, Hannover: 80.2;
Stumpf, Reinhard, Neuss: 45.4;
Tegen, Hans, Hambühren: 44.1, 61.1;
TherapiezentrumBurgau, Burgau: 15.1 (Thorsten Megele);
TopicMedia Service, Ottobrunn: 92.1 (B. Heitmann);
ullsteinbild, Berlin: 10.3 (Imagebroker.net), 58.1, 64.2 (Becker &Bredel);
Valentinelli, Mario, Rostock: 26 (beide), 42.1, 52 (alle), 57.4, 64.1, 83.3, 93.2, 99.3, 101 (alle);
Vanselow, Holger , Stuttgart: 43.2, 53.4, 86.1, 87.2;
vario images, Bonn: 71.5;
VisumFoto GmbH, Hamburg: 61.4 (Ralf Meyer);
wikipedia.org: 15.2, 34.1a, 107.2.1;
William Prym GmbH & Co. KG, Stolberg: 79.4;
Wyrwa, Christian, Isernhagen: 74.2.

Besonderer Dank für die Mithilfe bei der Entstehung der Fotos gilt dem Ausbildungszentrum für Pflegeberufe im Rhein-Kreis-Neuss, dem Kreiskrankenhaus in Dormagen, dem Fachseminar für Altenpflege des Caritasverbandes im Rhein-Kreis-Neuss, dem Caritas Haus St. Josef Nievenheim und dem Caritashaus St. Elisabeth in Rommerskirchen.